Les voleurs de pays

Kleptochores, dictateurs et dictatures.

Essai politique par

Francis Antoine MAYEUR.

2024

Disponibles sur Amazon.com
par Francis Antoine MAYEUR.

Opération Gingerbread
Athéna
incriminations
Femina Sapiens
Poésies Grises
Caiaphas
Le Monde est petit
Vengeance, vengeance, vengeance !
Waltzerburg
Le manuscript de Warnhofen
Le Petit-Livre
La Mer engloutie
Le Scribe Sénouaset
Le Balayeur
Ma pauvre Juliet,
21 tasses de café
La Femme du Numéro Six
Alwyn, le rêve de Charles
La religion chrétienne, une imposture sans importance
Une pièce au théâtre
Dorothée
L'horloge à foliot maudite
Le monastère d'Oswestry
Le Chemin qui mène aux Souvenirs
Abbaye Trilogie
Les légendes de l'Arbre-Pélican
L'évasion d'Elizabeth Grey
Les Voleurs de Pays
La Joueuse de Violoncelle

Les Kleptochores
ou les voleurs de Pays

Prologue

Article 1

Un dictateur n'a que le pouvoir que le peuple lui a laissé prendre.

Pas besoin d'article 2. Les dictateurs profitent d'une tendance générale chez l'être humain et peut-être bien avant, à suivre celui qui prétend savoir où il faut aller. On trouve de la même façon, une tendance naturelle à écouter un professeur, un médecin ou d'abord ses propres parents. Impossible pour un individu seul de dire : "Je ne veux rien écouter de ce que disent ceux qui savent, je me débrouille tout seul." Une tel comportement conduit inévitablement à l'échec et à la mort. Ça, les dictateurs le savent et en tirent profit.

Ne figurent ici que quelques-uns des dictateurs les plus connus, il en existe malheureusement tellement d'autres, c'est à tout le moins un constat d'échec pour l'Humanité.

Il s'agit ici de montrer que non seulement il y en a beaucoup mais surtout qu'il y en a partout. Aucun endroit du monde ne se trouve épargné, sans doute du fait que tous les hommes se ressemblent plus qu'ils croient.

Portraits

Il m'est assez désagréable de faire figurer cette galerie de portraits infâmes dans un de mes livres, mais force est de constater qu'il s'agit bien de l'Histoire du monde, de notre aventure commune.

Bien qu'une certaine compétition existe entre eux quant à savoir quel est le plus mauvais, j'ai choisi ici de les citer par ordre alphabétique, pour ne froisser personne. Non, je plaisante.

Les dictateurs sont par essence les ennemis de la démocratie. Les textes qui suivent ne sont pas à proprement parler des biographies, d'où l'absence de respect de la chronologie, encore moins des apologies. Ils sont parcellaires et ont pour vocation de montrer comment naît et se comporte un dictateur, dans le but, si possible de mieux les connaître pour mieux s'en protéger. Le pire serait d'oublier ces monstres et de croire que tout ça est derrière nous.

Jusqu'à présent, les dictateurs ont toujours été des hommes. Mais…

Mais leurs épouses et leurs concubines en ont largement profité en toute connaissance de cause, ce qui fait d'elles des complices, méritant le même sort que leur idole.

Mais le changement de la condition féminine dans la plupart des pays permettant aux femmes d'accéder aux postes à responsabilité engendrera peut-être des vocations de dictatrices. Après tout, le mal n'a sans doute pas de sexe.

Figurent en en-tête les noms, prénoms, années de naissance, d'accession au pouvoir et décès de chaque dictateur de cette galerie des horreurs.

Beaucoup de ces dictatures se passent au XXème siècle, profitant du chaos de la Seconde Guerre Mondiale, souvent pour imposer le communisme selon le souhait de Moscou ou pour lutter contre.

Jean-Bedel Bokassa

1921   1965   1996.
Homme d'État et militaire centrafricain.

Accession au pouvoir

David Dacko, est le premier Président de la République centrafricaine. Il fait appel à son cousin Bokassa pour réorganiser l'armée et le nomme chef d'état-major en 1964.
Après la démission de David Dacko, Bokassa accède au pouvoir en décembre 1965.

État policier

À la suite de quoi, les militaires de Bokassa arrêtent les alliés de Dacko.

Dérive autoritaire

Jean-Bedel Bokassa renforce son emprise dictatoriale.
Il s'autoproclame Président à vie en 1972.
Il se nomme lui-même maréchal en 1974.

Révision constitutionnelle

En 1975, il forme un nouveau gouvernement.
En 1976, il établit une nouvelle constitution et instaure l'Empire centrafricain.
Il est couronné Majesté impériale Bokassa Ier.

Forte empreinte symbolique

Bokassa a une grande admiration pour Napoléon Bonaparte.

Sans doute encouragé par la France, les références à Napoléon durant son sacre furent nombreuses et coûteuses.

Renversement et chute

Jugé et condamné à mort par contumace en 1980.
Il s'exile en Côte d'Ivoire puis en France.
Arrêté à son retour d'exil en 1986.

Condamnations et procès

En 1987, son second procès confirme la peine de mort. Celle-ci commuée en prison à vie en 1988, puis en dix ans de réclusion. Il est finalement amnistié en 1993.

Décès

Il meurt en 1996 d'un arrêt cardiaque.
Ensuite, il est "réhabilité dans tous ses droits" par le Président François Bozizé en 2010.

Fidel Castro

1926   1959   2016.
Révolutionnaire et homme d'État cubain.

Situation préalable

En 1925, Gerardo Machado devient Président avec le soutien du Parti libéral et celui des États-Unis. Il ne tarde pas à modifier la constitution afin que son mandat devienne renouvelable.

Il dirige le pays d'une main de fer jusqu'en 1933, supprimant la liberté de la presse et réprimant l'opposition. La police secrète exerce un étroit contrôle sur le pays et les hommes de main du régime, font le coup de feu en pleine ville, assurés de l'impunité.

État policier

La police use à Cuba de procédés permettant l'élimination de quantités d'opposants.

Batista joue un rôle décisif dans "la révolte des sergents" en 1933.

Le gouvernement dictatorial de Gerardo Machado est renversé et Ramon Grau San Martín met en place le gouvernement dit des Cent Jours.

Les États-Unis aident certains militaires haut-gradés, parmi lesquels le colonel Batista.

En 1934, Batista renverse le gouvernement provisoire et met en place un régime pro-américain. En tant que chef d'état-major, Batista est le véritable maître de Cuba.

En 1940, il est élu Président de la République et ne se représente pas en 1944.
En 1953, Fidel Castro, avocat, dirige une troupe des rebelles et tente une insurrection. La quasi-totalité des rebelles sont capturés et exécutés sommairement. Castro échappe à la mort. Lors du procès des survivants, Fidel Castro fut condamné à quinze ans de prison.
En 1954, Batista est élu Président de la République sans opposition. Il décide alors de libérer Fidel Castro qui quitte Cuba.

Révision constitutionnelle

Revenu au pouvoir, il fait quintupler le salaire présidentiel, suspend la constitution, rétablit la peine de mort et interdit le droit de grève.

Situation préalable

La mafia américaine contrôle le jeu, la prostitution et les hôtels de luxe.
En 1956, Castro revient à Cuba et commence ses activités révolutionnaires.
En 1959, Batista s'enfuit à Saint-Domingue avec quarante millions de dollars.

Accession au pouvoir

Fidel Castro entre à La Havane et devient commandant en chef de l'armée, ministre de la Défense puis Premier ministre en 1959.

Vers un système totalitaire

La peine de mort est rétablie pour les délits contre-révolutionnaires et actes préjudiciables à la nation.
En 1960, on compte plus de 600 condamnations à mort et 70 000 prisonniers politiques.

Révision de la constitution

Fidel Castro annonce le report des élections démocratiques et promulgue des lois par décret.

Népotisme

Il désigne son frère Raul comme son successeur.

Décès

Il meurt le 24 novembre 2016.

Nicolae Ceaușescu

1918   1974   1989.
Homme d'État roumain.

Accession au pouvoir

En 1965, il devient secrétaire général du Parti communiste roumain.

Il est élu Président de la république en 1974, réélu en 1980 et 1985.

Culte de la personnalité

Depuis Staline, le culte de la personnalité est incontournable dans les États communistes.

Ceaușescu s'autoproclame "Conducător".

Il se positionne comme l'héritier des princes roumains : Michel le Brave et Étienne le Grand.

Son épouse fut associée à ce culte de la personnalité en étant présentée comme docteur, académicienne et scientifique de renommée internationale.

Elle devint vice-Première ministre en 1980.

Le culte de la personnalité se retrouve dans des livres, des films, des émissions de télévision et des concours artistique.

Aucune critique n'est tolérée sous peine d'emprisonnement.

Népotisme

Il touche son épouse et d'autres membres de sa famille.
Le régime s'effondre en décembre 1989.

Décès

Nicolae Ceauşescu et son épouse Elena sont jugés, condamnés et exécutés à l'issue d'une procédure expéditive.

Jules César

né en juillet 100 av. J.C. et mort le 15 mars 44 av. J.C.
Général romain.

Seul maître à Rome après avoir éliminé ses adversaires, il veut réformer l'État.

Du fait d'un prétendue ascendance divine et d'une fortune personnelle, le Sénat de Rome lui accorde des pouvoirs exceptionnels.

Dérive totalitaire

Grâce au peuple qui l'adore, il se fait nommer dictateur, d'abord pour dix ans puis à vie.

Décès

Soupçonné de vouloir instaurer une nouvelle monarchie à Rome, il est assassiné par une conspiration de sénateurs dirigée par Brutus et Cassius.

Tous les dictateurs qui ont existé depuis ont pris Jules César pour modèle.

Comme César, tous sont tombés dans le même travers, le pouvoir absolu corrompt n'importe quel individu et le transforme en tyran.

Oliver Cromwell

Né le 25 avril 1599 et mort le 3 septembre 1658.
Homme politique anglais.

Accession au pouvoir

Il débute sa carrière en tant que chef d'une troupe de cavalerie et devient commandant de l'armée tout entière. En 1649, le parlement l'envoie conquérir l'Irlande.
Il en achève la conquête par le massacre de 3500 civils.
En 1650 il combat l'armée écossaise.
Il confisque les terres et soumet l'Écosse.
Il est considéré à l'époque comme un criminel de guerre.

Dictature et totalitarisme

Il établit un gouvernement républicain en Angleterre en 1649, et le dirige à partir de 1653, en tant que Lord-Protecteur d'Angleterre, du Pays de Galles, d'Écosse et d'Irlande.
Winston Churchill voit en lui un tyran, dictateur et régicide. Il est détesté en Irlande.
Les historiens le comparent à Robespierre et Lénine, comme responsables de régicides et responsables de répressions totalitaires.

François Duvalier

1907   1957   1971.
Médecin, un écrivain et un homme d'État haïtien.

Accession au pouvoir
Ancien ministre de la Santé, il est élu Président en 1957.

Dérive totalitaire
En 1958, il crée une milice privée, les Tontons Macoutes. L'état de siège est décrété et périodiquement reconduit. Réélu en 1961, il voit son mandat prolongé de cinq ans.
L'opposition de l'église catholique entraîne l'expulsion de plusieurs prêtres, de l'archevêque de Port-au-Prince et deux évêques.
Trois ans plus tard, les jésuites sont expulsés.
Il est excommunié en 1961.

Révision constitutionnelle
En 1961, il réécrit la Constitution et organise une élection présidentielle en étant l'unique candidat.
1,32 million de voix pour, aucune vote contre.
Réélu pour un autre mandat de six ans, il dissout le Parlement.

Répressions

En 1963, il commandite le massacre de dizaines de personnes, l'incendie de plusieurs maisons avec leurs occupants.
De nombreux haut-gradés sont aussi éliminés.
Il exploite la peur du communisme pour justifier la répression.

Dérive totalitaire

Face à une dizaine d'attentats, il renforce à chaque fois son image de défenseur de la nation, il élimine ses adversaires et durcit son pouvoir personnel. Il asservit l'armée et entretient la corruption.
Il exerce jusqu'à sa mort une implacable dictature. On compte 2000 exécutions pour la seule année 1967.

Décès

En 1970, il désigne son fils Jean-Claude Duvalier comme héritier. Un referendum valide la succession.
Le 21 avril 1971, François Duvalier décède des suites d'une maladie cardiaque.
Le 8 février 1986, la foule détruit son mausolée à coups de pierres.

Jean-Claude Duvalier

1951   1971   2014.
Homme politique haïtien.

Situation préalable

Il succède à son père, le Dr François Duvalier, dit "Papa Doc", comme nouveau chef de l'État à vie en 1971, à l'âge de 19 ans.

Alors que son pays est l'un des plus pauvres, il maintient un train de vie fastueux et accumule des millions de dollars en utilisant les trafics de drogues et d'organes.

Dérive totalitaire

Jean-Claude Duvalier détient un pouvoir quasi-absolu que lui attribue la Constitution. L'opposition n'est pas tolérée et le régime reste autoritaire.
La richesse de la famille Duvalier provient de la Régie de Tabac. Les Duvalier utilisent une loi permettant d'utiliser un compte non-fiscal établi des décennies plus tôt, créant un monopole du tabac. Cette procédure est par la suite appliquée à d'autres entreprises gouvernementales qui servent de caisses noires et sur lesquelles aucun bilan n'est trouvé.

L'exil

Les Duvalier s'exilent en France avec une fortune estimée à près d'un milliard de dollars, provenant des caisses de l'État, montant supérieure à la dette extérieure du pays.
La famille Duvalier aurait détourné les trois quarts de l'aide économique attribuée à Haïti.

Décès

Il meurt de maladie le 4 octobre 2014 sans avoir été jugé.

Hafez El-Assad

1930   1971   2000.
Militaire et homme d'État syrien.

Culte de la personnalité

Il met en place un culte de sa personnalité.
Chacun doit savoir qu'il est un dirigeant juste, sage et puissant.
La propagande utilise un vaste système d'affichage, de discours glorificateurs et de statues.
Le slogans "Assad pour l'éternité" permet au candidat unique de remporter plus de 99% des suffrages à chaque élection.

Dérive totalitaire

En 1971, il devient Président de la république.
Il exerce une emprise totale sur la vie sociale et politique, interdisant toute opposition. Il réprime avec violence toute contestation. De nombreux intellectuels sont emprisonnés.

Répression

Le régime mène également une féroce répression comme le massacre de Hama. 40 000 personnes auraient été tuées lors de bombardements.

17 000 personnes seraient mortes en prison, Frères musulmans, communistes et Palestiniens.

Népotisme

Le régime place des membres de son clan à de nombreux postes clef.
Il désigne comme successeur son plus jeune fils Bachar el-Assad qui n'a aucune expérience politique. Cette décision a été critiquée mais Assad a rétrogradé ceux qui s'opposaient à cette succession.

Décès

Souffrant de problèmes cardiaques, il meurt le 10 juin 2000 sans avoir été jugé.

Recep Tayyip Erdoğan

1954   2014.
Homme politique turc.

Accession au pouvoir

En mars 1994, Recep Erdoğan est élu maire d'Istanbul.

En avril 1998, il est condamné à une peine de dix mois de prison.

Premier ministre de 2003 à 2014 et Président de la république depuis 2014

En novembre 2014, il s'appuie sur le Coran pour dire que "les deux sexes ne peuvent pas être traités de la même façon parce que c'est contre la nature humaine".

Dérive autoritaire

Lors de ses vœux du nouvel an 2015, il veut instaurer un système présidentiel fort à l'exemple de l'Allemagne d'Adolf Hitler.

En 2016, une tentative de coup d'État militaire menace d'Erdoğan. Quelques jours plus tard, il fait licencier des dizaines de milliers d'employés du secteur public, armée, médias, enseignement, magistrature. Près de 20 000 personnes seront placées en détention.

En 2017, il modifie les programmes scolaires, introduisant le djihad et supprimant toute référence à la théorie de Darwin.

Restrictions à la liberté de la presse

D'année en année, la presse se voit privée de sa liberté et de plus en plus de journalistes sont emprisonnés.
La Turquie est la première prison au monde pour les journalistes.

Révision constitutionnelle

La Constitution est modifiée en 2017.
La séparation des pouvoirs est supprimée. Il est le chef de l'exécutif, son parti détient le pouvoir législatif et la justice est aux ordres. Les juges et procureurs qui ouvriraient une enquêtes sont destitués. Les médias sont sous son contrôle.

Francisco Franco

1892   1939   1975.
Militaire et homme d'État espagnol.

Situation préalable

Les causes de le Guerre civile espagnole qui propulsera Franco au pouvoir sont à chercher relativement loin dans le temps.

D'une part, l'afflux considérable d'or en provenance d'Amérique a eu pour effet secondaire de déstabiliser l'économie espagnole.

En 1755, un tremblement de terre détruit presque entièrement. les ports de Cadix, Séville et La Corogne. L'Espagne perd une partie de sa flotte militaire et marchande, le commerce avec les Amériques se déroute vers les ports anglais, allemands ou flamands.

La mise sur le trône de Joseph Bonaparte, frère de Napoléon Ier entraîne rapidement, des mouvements de résistance des révoltes et des guérillas dans tous les endroits du pays.

La Seconde République chassa la monarchie des Bourbons en 1931.

En 1934, la gauche se révolte en réaction à l'entrée au gouvernement des droites autonomes victorieuse des élections de 1933.

Victoire du Front populaire en 1936.

Accession au pouvoir

13 juillet 1936, assassinat de José Calvo Sotelo.
17 juillet 1936, Franco, se rallie, à la conspiration militaire en vue de réaliser un coup d'État.
18 juillet 1936, début de la guerre civile espagnole.

Franco se pose en sauveur

27 juillet, Franco déclare : " Je sauverai l'Espagne du marxisme à n'importe quel prix ", c'est-à-dire quitte à tuer la moitié de l'Espagne.

Répression

Pendant la guerre civile, le nombre d'exécutions politiques aurait dépassé celui des morts sur le champ de bataille.

En avril 1939 :
Fin de la guerre d'Espagne.
500 000 personnes exilées.
250 000 personnes emprisonnées.
50 000 personnes exécutées.
500 000 morts au total.

Révision constitutionnelle

En janvier 1940, la loi rend obligatoire l'enrôlement de la jeunesse estudiantine dans une structure unique, le SEU (Sindicato Español Universitario)

En mars 1940, la loi définit en tant que délit : la franc-maçonnerie, le communisme, la propagande contre le régime, la propagande séparatiste ou même la disharmonie sociale.

En juillet 1942, promulgation des Lois fondamentales et de la loi organique instituant les Cortes, parlement n'ayant qu'un rôle consultatif.
Imposition d'un syndicat unique paralysant les revendications ouvrières.

Corruption

Le népotisme et la corruption sont habituels en 1940. Franco était peu pressé d'en finir avec la corruption, il la voyait comme une suite consécutive au système en place.

Décès

Il meurt le 20 novembre 1975, dans un lit d'hôpital.
En 2019, dans le cadre de l'élimination des symboles du franquisme, une décision du gouvernement fait transférer sa dépouille au cimetière de Mingorrubio,

Adolf Hitler

1889   1933   1945.
Homme d'état allemand.

Personnalité

Son charisme et ses capacités d'orateur lui permettent de développer et de répéter sans cesse ses thèmes favoris : antisémitisme, antibolchevisme, nationalisme, esprit de revanche. Pour cela, il utilise un langage simple et passionné, une gestuelle savamment étudiée et des formules percutantes.
De sa vie, Hitler n'accepta jamais un débat rationnel ni contradictoire et ne parla que devant des auditoires acquis.
En novembre 1923, en compagnie du général Ludendorff il tente un coup d'état qui avorte lamentablement et lui vaut cinq ans de prison. Là, il rédige Mein Kampf.
Il est libéré après seulement neuf mois d'emprisonnement.
Rappelons ici qu'il prétendait ne rien posséder mais, comme beaucoup d'hommes au pouvoir, il avait tout loisir d'utiliser toutes les ressources de son pays à son profit. Néanmoins, il n'a pas fait don de ses droits d'auteur à une œuvre de charité. Six millions d'exemplaires, ça ne se refuse pas.

Constitution d'une idéologie

Hitler y dévoile clairement l'idéologie redoutable qu'il a achevé de se constituer depuis 1919 et qu'il cherchera à mettre en pratique sans jamais en varier.

Il explique sa haine de la France, de la démocratie, du socialisme, du communisme et du judéo-bolchevisme.

Il explique également sa conviction de l'existence d'une race supérieure et la nécessité de faire disparaître d'Allemagne tous ceux qu'il juge inférieurs.

Situation préalable

Trois catastrophes s'abattent sur l'Allemagne, la défaite de 1918, l'hyperinflation et le Krach de 1929.

Il n'est pas dans le propos de ce livre de donner tort ou raison à tel ou tel belligérant, le fait est que pour les Allemands, la guerre de 1914/1918 a occasionné d'énormes souffrances, sans même avoir la consolation d'avoir gagné la guerre mais instillant un esprit de revanche dans la population tout entière. Le Traité de Versailles en rajoute encore en humiliation. Fait unique dans l'Histoire de l'Europe, un pays vaincu, l'Allemagne, n'est pas à la table des négociations pour la rédaction du traité de paix. De la part de la France, de la Grande Bretagne, de l'Italie et des États-Unis, il s'agit d'un véritable "diktat", une chose contre laquelle on ne peut rien. Ironiquement, diktat est un mot allemand.

L'hyperinflation en 1923 ruine tous les Allemands et oblige la Reichsbank à recourir à un énorme emprunt vis-à-vis des États-Unis.

Alors que la république de Weimar travaille à redresser l'Allemagne, le Krach de 1929 entraîne le rapatriement des capitaux américains et l'effondrement de l'économie allemande.

Accession au pouvoir.

En janvier 1933 Adolf Hitler est nommé chancelier de la république de Weimar en tant que chef du parti remportant les élections législatives de novembre 1932.

Il a atteint son objectif poursuivi depuis fin 1923 : arriver au pouvoir légalement.

Révision constitutionnelle

Le Reichstag vote la loi qui accorde à Hitler les pleins pouvoirs pour quatre ans.

Il rédige seul les lois, même si elles s'écartent de la Constitution de Weimar.

Dérive totalitaire

Sans attendre, les Nazis ouvrent le premier camp de concentration à Dachau.

Les syndicats sont dissous.

En juillet, le NSDAP devient le parti unique.

L'autonomie des Länder est définitivement supprimée.

Entre 1933 et 1939 :
- 200 000 personnes sont internées.
- 9000 personnes sont tuées par la violence d'État.
- Des centaines de milliers d'autres doivent fuir l'Allemagne.
- En avril 1933 une loi permet à Hitler de destituer des centaines de fonctionnaires et d'universitaires juifs.
- En été 1933 une loi permet la stérilisation forcée de 350 000 malades et handicapés.
- Le plébiscite de novembre 1933 entérine la fin de la démocratie en Allemagne.

Culte de la personnalité

Il se voit comme le sauveur messianique de l'Allemagne sans que personne ne le contredise.

Il exige des militaires un serment de fidélité à sa personne. Ainsi se met en place une communauté charismatique centrée sur un homme, Hitler, dont la présence neutralise toute rivalité entre disciples.

La devise du régime : "Ein Volk, ein Reich, ein Führer", remplace l'ancienne "Ein Volk, ein Reich, ein Gott" et place Hitler à l'égal d'un Dieu.

Quand Hitler parle à la radio, le pays tout entier doit suspendre son activité et écouter religieusement son discours.

Le salut Nazi devient obligatoire pour tous les Allemands.

Décès

Le 30 avril, Adolf Hitler se suicide par balle.

Enver Hoxha

1908   1954   1985.
Homme d'État albanais.

Situation préalable

En 1944, le Front de Libération National Albanais agit en tant que gouvernement provisoire.
Hoxha est secrétaire général du parti communiste.
Le comité décrète que toutes les organisations n'appartenant pas au FLN sont hors la loi.
Le roi Zog est interdit de séjour.

Dictature et totalitarisme

Hoxha utilise les mêmes méthodes que Staline pour se maintenir au pouvoir.
Le réseau d'espionnage interne est très efficace et redoutable. Un dixième de la population est interné dans des camps.
Sa dictature est considérée comme l'une des plus répressives et des plus sanglantes de l'histoire contemporaine de l'Europe.
En 1951, 22 personnes sont exécutées sans procès.
En 1954, il est Premier Ministre.
En 1958, un décret lui confère le titre de garant de la pureté marxiste-léniniste.
En 1967, Hoxha proclame l'Albanie premier État athée du monde. Il interdit toute pratique religieuse et

ordonne la fermeture immédiate des 2000 mosquées et églises encore ouvertes.

Le régime poursuit une révolution constante, les écarts de salaires sont réduits, les grades militaires sont abolis et les travailleurs intellectuels sont contraints d'effectuer un stage auprès des travailleurs manuels un mois par an.

En décembre 1981, il sombre dans la paranoïa et fait exécuter son plus fidèle compagnon, Mehmet Shehu.

Intransigeant et mégalomane, il veut créer un homme nouveau en cela qu'il doit placer l'intérêt général au-dessus de l'intérêt individuel, c'est-à-dire qu'il faut briser l'ancien, interdire la religion et la bourgeoisie.

Il vit cloîtré dans une sorte de "Cité Interdite" au centre de Tirana.

Dans les rues, des haut-parleurs diffusent en permanence des slogans de propagande.

Dès le plus jeune âge, les jeunes à l'école doivent répéter :

- J'aime le parti autant que ma mère,
- J'aime le camarade Enver autant que mon père.

Une police politique, 200 000 agents, traquent les ennemis de l'intérieur.

La délation est encouragée.

Il est interdit de sortir du pays.

Des punitions collectives punissent les familles des gens incriminés.

Il y a des quotas d'arrestation.

Il organise des purges régulières au sein du parti.

Décès
Malade du diabète, il meurt le 11 avril 1985, d'une affection cardio-vasculaire.

Idi Amin Dada

1925   1971   2003.
Homme d'état ougandais

Situation préalable

Il rejoint les forces auxiliaires coloniales britanniques dans les années 1940.

Il participe à plusieurs actions en Afrique dont la révolte des Mau Mau.

Après l'indépendance de l'Ouganda en 1962, il reste dans l'armée ougandaise et devient un commandant de haut rang.

Accession au pouvoir

Afin de ne pas être arrêté pour le détournement de plusieurs millions de dollars, Amin Dada provoque un coup d'état.

En 1971, il renverse le Président Milton Obote et devient le nouveau Président du pays.

Son gouvernement est caractérisé par une corruption endémique et une violation généralisée des droits de l'homme.

Mise en place du régime

Ses escadrons de la mort assassinent les partisans d'Obote, l'intelligentsia ougandaise et les chefs militaires n'ayant pas soutenu le coup d'État.
En 1972, Obote essaie sans succès de reprendre le contrôle du pays.
Amin Dada fait bombarder les villes de Tanzanie où s'était réfugié Obote et purge l'armée de tous les officiers d'origine Acholi ou Lango.
Les violences ethniques s'accroissent.
Amin Dada devient de plus en plus paranoïaque.
En 1972, il ordonne l'expulsion de la communauté sud-asiatique, environ 80 000 personnes.

Dictature et totalitarisme

À partir de 1974, la terreur s'accroît encore.
Idi Amin Dada se lance dans une chasse contre tous ceux qui menacent le régime : les tribus rivales et l'intelligentsia du pays. Anciens ministres, hauts fonctionnaires, juges, diplomates, professeurs d'université, enseignants, clergés catholique et anglican, banquiers, hommes d'affaires, journalistes, chefs tribaux et étrangers sont assassinés.
On estime que 250 000 personnes ont été assassinées en Ouganda depuis le coup d'État de 1971.

Révision constitutionnelle

Le régime se militarise complètement.

Les effectifs militaires augmentent considérablement, absorbant tout le budget du pays.

Les tribunaux militaires remplacent les tribunaux civils. Tous les postes du gouvernement et de l'administration sont occupés par des militaires.

Le Parlement est dissous.

Amin Dada règne par décrets.

La garde présidentielle comprend jusqu'à 18 000 hommes.

En 1975, Idi Amin Dada s'autoproclame maréchal, puis Président à vie.

En 1976, il ordonne une invasion de la Tanzanie.

Il est renversé l'année suivante par une invasion tanzanienne.

Exil

Le 11 avril 1979, Amin Dada est forcé de fuir Kampala.

Il se réfugie à Djeddah.

Décès

Idi Amin Dada meurt en Arabie saoudite le 16 août 2003, à l'âge de 75 ans et est enterré à Djeddah au cimetière Ruwais.

Son régime a fait environ 300 000 victimes, il a laissé un pays en ruines, une inflation de plus de 200 %, une dette de 320 millions de dollars, une agriculture abandonnée, des usines fermées et une corruption généralisée.
Il laisse l'image d'un dictateur violent et sanguinaire.

Mouammar Kadhafi

1942 1979 2011.
Militaire et homme d'État libyen.

Situation préalable

En 1969, un coup d'État renverse la monarchie.

Accession au pouvoir

Officier des forces armées libyennes, Kadhafi est au pouvoir.
En 1979, il est aux commandes de la Libye en tant que "Guide de la Révolution" exerçant un pouvoir absolu en dehors de tout cadre temporel ou constitutionnel.

Répression

Dans les années 1980, le régime de Kadhafi se durcit.
En 1984, un coup d'État manqué entraîne l'emprisonnement de milliers de personnes et des exécutions publiques.
La loi interdit toute activité politique indépendante, les contrevenants sont passibles de la peine de mort.

Révision constitutionnelle

Kadhafi opère des remaniements du gouvernement et des bouleversements administratifs afin d'empêcher tout contre-pouvoir.

Il bénéficie d'un accès illimité aux fonds de l'État et sa famille en profite largement.
Il accumule une fortune colossale.
En 2011, il est menacé par une contestation populaire que la répression transforme en insurrection armée, puis en guerre civile.
Lors de la prise de Tripoli par les rebelles en août 2011, Mouammar Kadhafi fuit la capitale.
Il est capturé peu après.

Décès

Il meurt le 20 octobre 2011
Les corps de Mouammar Kadhafi et de son fils Moatassem, tué lui aussi le 20 octobre à Syrte, sont exposés le 21 octobre à Misrata.

Kim Il-sung

1912   1949   1994.
Homme d'État Nord-Coréen.

Situation préalable

En septembre 1945 le capitaine Kim Il-sung débarque avec son groupe de résistants coréens dans Pyongyang occupé par les Soviétiques.

Accession au pouvoir

Il est installé par les Soviétiques à la tête du Comité provisoire du Peuple.

Débuts à la tête de l'État

En mai 1948 la Corée du Sud se déclare comme un État souverain.
En septembre, la Corée du Nord se proclame République Populaire Démocratique de Corée.
Kim est Premier ministre.
En 1949, Kim est Président du parti.

Dérive totalitaire

Kim Il-sung commence à développer un culte de la personnalité et se fait appeler le "Grand Dirigeant".

Violations des droits de l'homme

Il met en place un État totalitaire avec de nombreuses violations des droits humains, incluant de nombreuses exécutions et un vaste réseau de camps de travail.
Le droit de vote n'est pas respecté, il y a un candidat unique.

Dictature

En 1956, avec Mao Zedong, il refuse la déstalinisation promue par Nikita Khrouchtchev.

Chaque personne est classée en fonction de ses caractéristiques politiques, sociales et économiques.
Le système a une influence sur l'éducation, le logement, l'emploi, le rationnement, l'endroit où une personne est autorisée à vivre.
Les intellectuels et les propriétaires terriens sont relogées de force dans les provinces pauvres du Nord.
Les personnes identifiées comme hostiles ne peuvent pas s'établir dans la capitale ou à proximité des frontières, ni accéder à des fonctions à responsabilité ou travailler dans l'enseignement ou la police.
Kim Il-sung punit toute opposition par des purges comprenant des exécutions publiques et des disparitions forcées.
En 1955, toutes les organisations religieuses ont disparu.

Décès

Il meurt le 8 juillet 1994 d'une attaque cérébrale.

Son portrait est accroché dans tous les bâtiments officiels et logements privés.

Après ça, une idée m'est venue. Une vilaine idée mais après tout, la politique extérieure est un jeu de vilains. Alors…
Et si les démocraties avaient laissé faire… Par calcul... Voir des voisins s'entre-tuer est bien moins coûteux en vies humaines et en destructions que leur faire la guerre. D'un autre côté et d'un simple aspect économique, un bon voisin est toujours un concurrent, une menace pour l'emploi. Alors que là, un dictateur fait plus de dégâts dans un pays voisins que tous les généraux ennemis et sans risques ni reproches pour les autres.
Et si… et si Kim Il-sung avait été un agent Sud-Coréen infiltré au Nord ? comment aurait-il fait pour anéantir la Corée du Nord ? comme ça !

Kim Jong-il

1942   1994   2011.
Homme d'État Nord-Coréen.

Situation préalable
Il est le fils de Kim Il-sung.

Accession au pouvoir
Kim Jong-il s'affirme au sein du Parti du travail de Corée.

En octobre 1980, il apparaît publiquement comme l'un des principaux dirigeants.

Il est nommé membre du présidium du Bureau politique, et à la Commission de Défense nationale et au secrétariat du Comité central du parti du travail de Corée.

En 1991, Kim Jong-il est nommé commandant suprême de l'Armée populaire.

En 1992 il est nommé maréchal.

En 1993, il prend la présidence de la Commission de Défense nationale.

Dérive totalitaire
Le gouvernement Nord-Coréen est parmi les gouvernements les plus répressifs au monde, ayant plus de 200 000 prisonniers politiques.

Tous les aspects politiques, sociaux et de la vie économiques sont contrôlés par l'État.

Le gouvernement de Kim Jong-il est accusé de crimes contre l'humanité pour avoir favorisé et prolongé la famine de 1990.

Culte de la personnalité

Kim Jong-il est entourée d'un culte de la personnalité particulièrement poussé : monuments, défilés, portraits et badges.

Ses anniversaires donnent lieu à des célébrations somptueuses.

Les programmes scolaires contiennent des leçons sur son enfance, rapportant des faits souvent inventés de toutes pièces.

Dès leur plus jeune âge, les écoliers Nord-Coréens doivent s'incliner tous les matins devant les portraits de ces deux représentants avant d'aller en cours.

Son lieu de naissance prétendu serait un lieu de pèlerinage.

D'après la propagande il aurait écrit plus d'un millier de livres et plusieurs opéras.

Train de vie

De 1989 à 1999, Kim Jong-il aurait commandé 800 000 $ d'alcools et de vins fins par an.

Finances

Il aurait déposé quatre milliards de dollars dans des banques européennes, au cas où.

Caractère

Comme son père, il est victime d'aviophobie.
Il ne se déplace qu'à bord d'un train blindé.

Décès

Le 17 décembre 2011, à l'aube, alors qu'il voyage dans son train personnel d'après les médias Nord-Coréens, Kim Jong-il meurt à l'âge de 70 ans.

Kim Jong-un

1982   2011.
Homme d'état nord-coréen.

Situation préalable
Il est le fils de Kim Jong-il et le petit-fils de Kim Il-sung.
De 1996 à 1998 à il étudie de l'International School of Berne.

Accession au pouvoir
En 2010, il est nommé général quatre étoiles et vice-Président du Comité de la défense nationale.
En 2011, à la suite de la mort de son père, il est proclamé Commandant suprême de l'Armée.
En 2013, Kim Jong-un met en place la politique du Byongjin devant permettre la croissance économique et le développement de l'arme nucléaire en Corée du Nord.

Révision constitutionnelle
En août 2019, une réforme de la constitution entre en vigueur et il devient le chef de l'État officiel de Corée du Nord.

Vladimir Ilitch Oulianov dit Lénine

1870   1917   1924.
Homme d'État russe.

Terreur et crimes de masse

Dès 1905, Lénine élabore le concept de terreur de masse. Elle est l'instrument d'une politique d'hygiène sociale visant à éliminer de la nouvelle société en construction des personnes définies comme "ennemis" : bourgeois, propriétaires fonciers et koulaks.

Dictature et totalitarisme

En 1919, Lénine crée tout un système de camps de concentration qui deviennent, avec la peine de mort des composantes indispensables du système de Terreur, qui, pour Lénine, est inséparable de la dictature du peuple.

Il utilise massivement la déportation de populations entières.

L'usage de la violence est bien plus important que sous le régime de Nicolas II.

En seulement quelques semaines, la Tchéka exécute trois fois plus de personnes que l'ancien régime en 92 ans.

De même, la propagande de masse et un culte de la personnalité sont utilisés en Union Soviétique pour rallier la population du pays aux idées du régime.

Ces méthodes de gouvernement ont précédé et inspiré celles des Nazis, notamment les camps de concentration.

Le régime soviétique continue de mener des politiques répressives à grande échelle.

Plusieurs centaines milliers de rebelles de Kronstadt sont exécutés sans jugement.

Lénine écrase la révolte de Tambov. L'Armée rouge fait usage de gaz asphyxiants pour venir à bout de la population paysanne.

En 1921, une famine est causée par la destruction des capacités productives des campagnes.

Pour lutter contre la famine, Lénine préconise la restauration immédiate des structures chargées des réquisitions, malgré leur rôle dans le déclenchement du problème.

Lénine doit accepter l'aide des États-Unis.

La famine donne également l'occasion de s'en prendre aux membres du clergé. Lénine fait ordonner la saisie générale de leurs biens.

Lénine écrit que le contexte de la famine permettra l'exécution du plus grand nombre possible de représentants du clergé réactionnaire, plus grand sera le nombre des exécutions, mieux ce sera.

Près de huit mille membres du clergé russe sont tués en 1922, tandis que les églises sont pillées.

Léon Blum dénonce la dictature du parti unique, donc, de quelques individus.

En tant qu'inventeur de la dictature du parti unique, Lénine est le prototype des tyrans modernes.

Décès

En mars 1923, Lénine est écarté de la politique par la maladie.

Le 21 janvier 1924, il succombe à une nouvelle attaque.

Après l'élection de Vladimir Poutine, Lénine est réhabilité en tant que grand homme d'État, fondateur de l'URSS.

Léopold II

1835   1865   1909.
Roi des Belges.

Situation préalable

Deuxième roi des Belges, il succède à son père, Léopold Ier, au trône de Belgique en 1865.

Dérive totalitaire

Léopold II considérait le Congo comme sa propriété personnelle.

Il en a tiré une fortune grâce à l'extraction de l'ivoire et du caoutchouc par le travail forcé de la population indigène.

L'administration du Congo a été caractérisée par des atrocités et une brutalité systématique.

La Force Publique s'est fait connaître pour sa cruauté, ses pillages et son manque de discipline.

Cette force est devenue un instrument pour terroriser la population civile.

S'il n'a pas été un dictateur dans son pays, il s'est manifesté comme tel en Afrique, d'abord en s'autoproclamant roi du Congo et en accaparant de manière violente toutes ses richesses humaines et matérielle à son seul profit.

Il a volé un pays étranger complet au mépris de toutes
les lois légales et morales.

Décès

Le roi Léopold II meurt d'une embolie foudroyante au
château de Laeken le 17 décembre 1909 à 2 h 37 du
matin.

Mao Zedong

1893   1949   1976.
Homme d'état chinois.

Situation préalable

Le 1er octobre 1949, suite à une longue période de guerre civile, Mao Zedong proclame l'avènement de la République Populaire de Chine.
D'après le modèle soviétique, il impose le collectivisme communiste et la dictature du parti unique.

Grand bond en avant

De 1958 à 1960, il met en œuvre le Grand Bond en Avant, train de réforme industrielles censé permettre de rattraper le niveau industriel de l'Angleterre.
Toute la population est tenue d'apporter sa contribution. Les paysans seront surexploités, ils doivent tout faire en même temps, récoltes et production sidérurgique.
Cette politique entraîna une production de bien de très mauvaise qualité et une famine dans les campagnes débouchant sur 50 millions de morts.

Révolution culturelle

Après avoir été mis à l'écart, il lance le Mouvement d'éducation socialiste, et crée les gardes rouges contre la direction du Parti pour reprendre le pouvoir.

Culte de la personnalité

Le culte de la personnalité de Mao Zedong commence dès la longue marche en1935.

La république populaire de Chine devient un État de type totalitaire.

Le régime communiste est identifié à un seul homme dont le visage est reproduit à des milliards d'exemplaires. Ainsi pendant la révolution culturelle, le très officiel portrait de Mao Zedong de la place Tian'anmen est diffusé à travers le pays à deux milliards deux cents millions d'exemplaires.

Petit Livre rouge

Dans les années 1960, des pensées et des citations choisies de Mao ont été rassemblées et publiées sous le nom de Petit Livre rouge.

Les Chinois devaient l'étudier le matin et le soir.

Il était interdit de quitter la maison sans l'avoir sur soi.

En deux ans environ 600 millions d'exemplaires ont été imprimés.

Quid des droits d'auteur ?

Décès

Victime de plusieurs crises cardiaques, il meurt le 9 septembre 1976 à Pékin.

Au total, Mao Zedong serait responsable de la mort 80 millions de Chinois.

Ferdinand Marcos

1917   1965   1989.
Avocat et homme d'État philippin.

Accession au pouvoir

Après la guerre, il s'engage dans le parti libéral.
Il est élu député, puis sénateur, puis Président du Sénat.
Il rejoint le parti nationaliste dont il devient le chef.
En 1965, il gagne l'élection présidentielle.
Marcos met en place une réforme agraire, mais ne fait rien pour lutter contre les inégalités et la pauvreté.
En septembre 1972, face à la contestation, il proclame la loi martiale.
70 000 opposants sont emprisonnés.
34 000 sont torturés.
3 200 sont exécutés.

Décès

Il meurt le 8 septembre 1989 à Honolulu.

Avec sa femme Imelda Marcos, il incarne la corruption et l'extravagance de la dictature.
La famille de Marcos aurait volé au pays l'équivalent de 10 milliards de dollars américains.
Son fils a une longue carrière au Parlement et au Sénat. Il est élu Président des Philippines en mai 2022.

Mobutu Sese Seko

1930   1965   1997.
Homme d'État, militaire et dictateur zaïrois.

Situation préalable

En 1957, il rencontre Patrice Lumumba.
En 1960, il devient son secrétaire.
En tant que chef d'état-major adjoint, il fait arrêter Lumumba.

Accession au pouvoir

En 1965, il mène un coup d'État contre Joseph Kasa-Vubu, premier Président de l'ancien Congo belge.

Dérive totalitaire

En 1966, Mobutu fait pendre quatre anciens ministres.
En 1968, la mort de Pierre Mulele, débarrasse Mobutu de tous ses rivaux.
En 1969, il fait écraser une révolte estudiantine.
12 étudiants sont condamnés à mort.
2000 autres sont enrôlés de force dans l'armée.

Il instaure un régime autoritaire à parti unique.
En 1971, il renomme le pays, le fleuve et la monnaie sous le nom de Zaïre.
Il impose un costume traditionnel.

Il oblige les Zaïrois à choisir des prénoms d'origine africaine.
En 1982, il devient maréchal-président.

Crise économique

L'endettement ne cesse de croître.
Les finances publiques ayant soudainement fondu, Mobutu lance une politique de nationalisations. Les chefs d'entreprises étrangères doivent les remettre aux membres de l'armée. En effet, les bénéficiaires de la zaïrianisation, tous proches du régime, considérèrent ces entreprises comme leur propriété personnelle sans se préoccuper de leur gestion.

Corruption

La corruption devint de plus en plus endémique.
Neuf plans mis en place par le FMI ne suffisent pas à relever l'économie.
L'aide annuelle de 300 millions de dollars est en partie détournée.
En 1986, la révolte est latente, mais Mobutu, multimilliardaire et mégalomane, utilise toujours la corruption comme mode de gouvernement.

Fortune

Les avoirs de Mobutu à l'étranger sont estimés à environ 7 milliards de dollars

Il détenait des propriétés en France, Belgique, Suisse, Italie, Espagne et Portugal, dont plusieurs châteaux.
Il aurait effectué des investissements au Sénégal, en Côte d'Ivoire, au Tchad et en Afrique du Sud.

Surnoms

Il a eu plusieurs surnoms : Léopard du Zaïre, Léopard de Kinshasa, Aigle de Kawele, Papa Maréchal, Roi du Zaïre et d'autres

Décès

En 1997, l'Alliance des forces démocratiques pour la libération du Congo renverse son régime.
Il s'enfuit en exil et meurt d'un cancer de la prostate trois mois plus tard au Maroc.

Benito Mussolini

1883   1922   1945.
Journaliste, idéologue et homme d'État italien.

Accession au pouvoir

Instituteur, journaliste, syndicaliste, révolutionnaire, il devient Secrétaire de la fédération de Forli, puis membre de la direction nationale du Parti socialiste italien et directeur du quotidien officiel du parti.

En 1914, il crée alors son propre journal, Il Popolo d'Italia. Il fait la guerre comme caporal dans les Bersagliers.

En 1919, il fonde les Faisceaux de combat avec un programme révolutionnaire, nationaliste, anticapitaliste et anticlérical, qu'il transforme en 1921 en Parti national fasciste.

En 1922, c'est la marche sur Rome. Elle réunit environ 30 000 hommes bien que la propagande fasciste en annonce 300 000.

Le roi Victor-Emmanuel III refuse d'instaurer l'état de siège, il sait que la classe dirigeante et les milieux industriels voient en Mussolini l'homme fort susceptible de ramener l'ordre dans le pays et il le nomme Président du Conseil.

Propagande et censure

À partir des années 1920, la propagande, focalisée sur le contrôle et la manipulation de la presse, était utilisée afin de séduire la population et de lui faire croire que le pouvoir de Mussolini était le début d'une ère de prospérité.

La propagande fasciste développe le culte du Duce, le guide, l'homme providentiel investi d'une mission patriotique et justicière, à l'instinct infaillible. Le Duce a toujours raison. Son image est partout. Ses discours du haut du balcon du palais de Venise avec ses tirades théâtrales et sa gestuelle sont retransmis dans tout le pays et constituent un élément central des grandes célébrations patriotiques.

Elle utilise la radio, le cinéma, la musique, le théâtre et la littérature.

Mussolini et son gouvernement ont très bien compris comment faire de la propagande culturelle, sans que personne ne s'en rende compte.

La population ne reçoit aucune autre information.

Les médias étrangers, films, journaux et livres sont censurés par peur que la population soit influencée par les idéaux et les valeurs démocratiques et libéralistes.

Dérive totalitaire

Il s'approprie également les ministères de l'Intérieur et des Affaires étrangères.

Il obtient les pleins pouvoirs.

Mussolini instaure alors une dictature qui va durer plus de vingt ans.

Il bénéficie du soutien passif de la population à qui il apporte l'ordre, la paix sociale et des satisfactions à la fois matérielles et de prestige.

Son style oratoire, provocateur et gesticulatoire, contribue à asseoir son succès.

Révision constitutionnelle

En juillet 1923, Mussolini fait voter une loi prévoyant que la liste ayant obtenu au moins 25% des voix soit assurée des deux-tiers des sièges. La Chambre est dissoute le 25 janvier 1924 et les élections sont fixées au 6 avril 1924.

Dictature

La loi du 24 décembre 1925 le nomme Chef du gouvernement, Premier ministre et Duce du fascisme, mot italien dérivé du latin Dux et signifiant "Chef" ou "Guide".

Des lois changeant la nature du régime et instaurant la dictature, sont présentées opportunément après divers attentats manqués contre Mussolini.

Il obtient la totalité du pouvoir exécutif et la possibilité de faire des lois sans en référer au Parlement.

La loi permet de révoquer les fonctionnaires hostiles au régime.

Les journaux doivent être accrédités par Mussolini. Les journaux antifascistes sont supprimés, les partis et organisations opposés au régime dissous.

Les conseillers municipaux et les maires sont supprimés et remplacés par des podestat nommés par décret royal.

En 1926, le droit de grève est supprimé.

Le Parti compte alors plus d'un million d'adhérents.

En 1926, il fait réorganiser la jeunesse de 8 à 18 ans d'un point de vue moral, physique, spirituel et culturel.

En 1927, Les Groupements Universitaires Fascistes sont créés pour la formation de la future classe dirigeante.

Caractère

Le caractère violent de Mussolini se manifeste très tôt, il a été exclu de l'école pour avoir blessé un de ses camarades d'un coup de couteau, à dix ans.

En 1919, un rapport de police le décrit ainsi : "Il est très intelligent, circonspect, calculateur, sensuel, émotif, vindicatif, dévoré par l'ambition, indifférent à l'argent si ce n'est pour corrompre. Il veut dominer, convaincu de représenter le destin de l'Italie, il n'acceptera jamais de jouer les seconds rôles."

Une fois acquis les pleins pouvoirs, l'adulation dont il est l'objet et le culte de la personnalité accentuent certains traits de son caractère : méfiance, mépris des hommes, timidité, goût de la solitude, violence, brutalité, superstition.

Il est persuadé d'être investi d'une mission divine, il a tendance à se fier à son instinct.

N'ayant pas fait d'études classiques et universitaires, il a une véritable soif d'apprendre, sans doute pour compenser les carences de son éducation.

Décès

En avril 1945, il est arrêté et exécuté avec sa maîtresse Clara Petacci.

Napoléon Ier

Né le 15 août 1769 et mort le 5 mai 1821.
Militaire et homme d'État français.

Situation préalable

Il est impossible de négliger l'impact de la Révolution Française sur les dirigeants européens craignant de voir leur pouvoir leur échapper au profit de leurs populations. Ils ont lancé leurs armées, pourtant faites de leurs sujets, à l'assaut de la démocratie telle que les Français la concevaient. C'est bien là l'origine de la "Grande Armée" de Napoléon Ier, armée qu'il a envoyée au secours des Polonais, la Pologne ayant été partagée entre la Russie, la Prusse et l'Autriche en 1795, c'est à dire 144 ans avant le pacte Ribbentrop - Molotov.

En octobre 1793, Bonaparte est nommé commandant de l'artillerie lors du siège de Toulon.
Il parvient à capturer le général anglais Charles O'Hara.
Ses ordres contribuent à forcer la flotte britannique à quitter la rade de Toulon.
En décembre 1793, il est fait général de brigade.
En octobre 1795, Barras demande à Bonaparte de réprimer une insurrection royaliste. Il fait remplacer

les boulets par de la mitraille et disperse les forces royalistes, faisant trois cents morts.

En octobre 1795, Bonaparte est promu général de division, puis général en chef de l'armée de l'Intérieur.

Accession au pouvoir

En novembre 1799, Bonaparte et Talleyrand, organisent le coup d'État du 18 Brumaire. Bonaparte aura le commandement en chef de l'armée pour le maintien de l'ordre dans Paris et dans les Assemblées.

Réforme constitutionnelle

En décembre 1799, Bonaparte établit une Constitution apparemment démocratiques mais qui organise un pouvoir autocratique.

La démocratie semi-directe est soigneusement organisée et contrôlée.

Couronnement

En décembre 1804, l'Empire naît à la demande du Sénat, officiellement pour protéger la République. L'Empire scellant la pérennité des valeurs républicaines, l'hérédité du titre étant censée protéger le pays des bouleversements et de la perte des acquis révolutionnaires.

Népotisme

Au lieu d'avoir une attitude républicaine et de nommer des préfets pour diriger les affaires de l'Empire hors de France, Napoléon Ier a cru bon de mécontenter toute l'Europe en plaçant sa famille et ses amis à des postes qui ne leur revenaient en aucune façon.

Joseph Bonaparte : Roi de Naples.
Joseph Bonaparte : Roi d'Espagne.
Louis Bonaparte :   Roi de Hollande.
Élisa Bonaparte :   Princesse de Lucques et Piombino.
Élisa Bonaparte :   Grande Duchesse de Toscane.
Jérôme Bonaparte : Roi de Westphalie.
Lucien Bonaparte : Prince de Canino.
Joachim Murat :   Roi de Naples.

Décès

Napoléon meurt à l'âge de 51 ans, le 5 mai 1821.

Bilan

S'il n'est pas un dictateur comme les autres, utilisant les ressources d'un pays à son seul profit, il a quand même fait preuve d'un népotisme funeste. En effet, s'il était resté consul à vie et s'il avait nommé des préfets à la tête des territoires conquis, les effets en Europe auraient été incalculables, tous les royaumes seraient devenus des républiques et l'Europe serait en paix depuis le milieu du XIXème siècle, enfin, au cas où les hommes aient été intelligents depuis lors et jusqu'à maintenant.

Napoléon III

Né le 20 avril 1808 et mort le 9 janvier 1873.
Monarque et un homme d'État français.

Situation préalable

Après la mort du duc de Reichstadt le 22 juillet 1832, Louis-Napoléon apparaît comme l'héritier de la couronne impériale.
En 1836, Louis-Napoléon effectue une tentative de soulèvement à Strasbourg qui tourne court.
Muni d'une somme d'argent, il est embarqué sur L'Andromède à destination des États-Unis.

Accession au pouvoir

En septembre 1848, Louis-Napoléon se présente aux élections législatives intermédiaires de septembre. Le lendemain, son élection est validée.

Le Parti de l'ordre

Très souvent, un futur dictateur se pose en homme providentiel qui seul va pouvoir ramener l'ordre, même si le désordre n'est pas patent.
En 1848, le parti de l'Ordre est le regroupement de conservateurs, partisans de l'ordre, de la sécurité et des bonnes mœurs.
Il a pour slogan "Ordre, Propriété, Religion".

Il soutient la candidature de Louis-Napoléon Bonaparte.

En décembre 1848, Louis-Napoléon est largement élu pour quatre ans lors de l'élection présidentielle.
En décembre 1848, il prête serment à l'Assemblée et jure fidélité à la Constitution.
En mai 1849, le parti de l'Ordre remporte la majorité absolue lors des élections législatives.
Napoléon III se pense doublement légitime en tant qu'héritier de l'Empereur Napoléon Ier, et d'autre part parce qu'il est élu au suffrage universel.

Coup d'État du 2 décembre 1851

À Paris, les troupes de Saint-Arnaud prennent possession de la capitale, procèdent aux premières arrestations.
Des proclamations sont placardées sur les murs de Paris.
Se fondant sur une prétendue crise dans le pays, Louis-Napoléon oppose à l'Assemblée parlementaire la légitimité qu'il a reçue du pays.

Réforme constitutionnelle

Il annonce une réforme de la Constitution et son intention de faire respecter l'ordre.
Ses décrets imposent la dissolution de l'Assemblée nationale.

Caractère

Napoléon III a été élevé dans le culte de Napoléon Ier. Charmeur et séducteur, secret et mystérieux, il est orgueilleux, croit en son destin et se voit comme un chef naturel et un homme providentiel.
En tant qu'autodidacte, Napoléon III n'est pas un grand orateur et il souffre d'un complexe d'infériorité bien qu'il parle plusieurs langues et dispose d'amples connaissances militaires, techniques, économiques et agronomiques.

Dérive totalitaire

L'Empereur prend souvent ses décisions seul.
Il est de plus en plus hésitant, maladroit et empêtré dans ses contradictions, ce qui pèse sur l'évolution de la politique française.
Napoléon III échappe à de nombreux attentats.

Décès

Il meurt le 9 janvier 1873 dans sa résidence de Camden Place.

Bilan

On ne peut quand même pas s'empêcher de penser que si Napoléon III n'avait pas déclaré la guerre à la Prusse en 1870, la France n'aurait pas perdu l'Alsace-Lorraine, la guerre de 1914 n'aurait pas eu lieu pour récupérer les territoires perdus, la guerre de 1939-

1945, suite et fin de la guerre de 1914, n'aurait pas eu
lieu pour permettre aux allemands de se remettre de
l'humiliation du traité de Versailles, la guerre froide
elle-même n'aurait pas vu le jour et sans doute que la
guerre en Ukraine nous aurait été épargnée.
Tout ça pour dire que si un individu, Napoléon III,
n'avait pas eu à se poser en leader du parti de l'ordre,
c'est à dire si l'ordre avait déjà été en place, on aurait
épargné des centaines de millions de morts.
Qui doit-on remercier ?

Philippe Pétain

1856   1940   1951.
Militaire et homme d'état français.

Situation préalable

Auréolé d'un immense prestige au lendemain de la guerre, il est le chef de l'armée d'après-guerre.

En 1925, il commande personnellement les forces françaises combattant aux côtés de l'Espagne dans la guerre du Rif, remplaçant le maréchal Lyautey. Devenu académicien en 1929, il occupe les fonctions de ministre de la Guerre de février à novembre 1934, puis est nommé ambassadeur en Espagne en 1939, alors que le pays est dirigé par le général Franco. Peut-être que ça lui a donné des idées…

Comme tous les dictateurs, il commence son accession à la dictature avec la belle légitimité des gens normaux. Il est le héros de 1918. Bien qu'à y regarder de plus près, il n'ait pas hésité à faire fusiller des hommes pour l'exemple, suite à des mutineries dans certains régiments. Bel exemple de connerie, les Allemands ont du se réjouir de voir les Français se tuer entre eux au lieu de leur opposer toute la résistance possible.

Il faut dire que l'époque est plutôt insouciante du sang des hommes. Le commandement de Nivelle aboutit à la bataille du Chemin des Dames, à la mi-avril 1917 : 100 000 hommes sont mis hors de combat du côté français en une semaine.

Accession au pouvoir

En mai 1940, il considère la guerre comme perdue.
Il en rend responsable le régime républicain.
En juin, il devient Président du Conseil, le lendemain, il appelle à cesser le combat.

Réforme constitutionnelle

En juillet 1940, il est investi des pleins pouvoirs par l'Assemblée nationale, fait rarissime dans l'histoire des pays après une défaite.
Supprimant de fait la République Française, il s'octroie le titre de Chef de l'État Français, un régime anti-démocratique, sans Constitution ni contrôle parlementaire.

Dictature et totalitarisme

Pétain est à la fois chef de l'État et chef du gouvernement.
Pétain dispose de droits tout à fait inédits, même du temps de la monarchie absolue.
Il peut ainsi rédiger et promulguer seul une nouvelle Constitution.

Il peut désigner son successeur.

Il dispose du pouvoir gouvernemental.

Il exerce le pouvoir législatif.

La francisque, emblème personnel de Philippe Pétain, est utilisée comme symbole du régime.

Il supprime tous les contre-pouvoirs et tout ce qui rappelle le régime républicain.

Le mot "République" disparaît des textes officiels.

Les partis politiques sont suspendus ainsi que les libertés publiques

Les syndicats sont dissous.

La franc-maçonnerie est mise hors-la-loi.

Toutes les assemblées élues sont supprimées.

Des juridictions d'exception sont mises en place.

Les journaux reçoivent l'ordre d'annoncer le châtiment des responsables (présumés) de la défaite de 1940.

Culte de la personnalité

Il est surnommé le "Vainqueur de Verdun". (53 millions d'obus, 700 000 victimes)

Ses photos figurent dans les vitrines de tous les magasins, sur les murs des cités, dans toutes les administrations, dans tous les locaux scolaires et dans ceux des organisations de jeunesse, sur les timbres et les pièces de monnaie.

La Saint-Philippe est célébrée comme une fête nationale. Un hymne à sa gloire est interprété en lieu et place de la Marseillaise.

Il exige un serment de fidélité des fonctionnaires d'État, militaires et magistrats à sa propre personne

La presse le représente comme un sauveur messianique et le comparer à Jeanne d'Arc.

Elle vante sa robustesse physique et la beauté de ses célèbres yeux bleus.

De nombreuses rues sont débaptisées et prennent son nom sur ordre.

Les prestataires de serment doivent dire : "Je fais don de ma personne au maréchal Pétain".

Lors de fréquents discours à la radio, il sait employer une rhétorique sobre, claire et percutantes, pour faire accepter son autorité absolue et ses idées réactionnaires.

De nombreux hommes d'Église mettent leur autorité au service d'un culte du maréchal, vu comme un homme providentiel.

Bien des Français entourent Pétain d'une vénération sans bornes,

Décès

Le 23 juillet 1951, Philippe Pétain meurt à Port-Joinville.

Augusto Pinochet

1915   1973   2006.
Militaire et homme d'État chilien.

Situation préalable

En 1947, le capitaine Pinochet est responsable d'un camp de prisonniers.
En 1953, il devient officier d'état-major.
En 1963, il dirige l'école militaire de Santiago.
En 1967, il est colonel.
En 1970, il est nommé général de brigade.

Accession au pouvoir

En septembre1973, Pinochet prend la tête d'un coup d'État.
Il proclame le décret-loi n° 1 établissant une junte militaire de gouvernement assumant le mandat suprême de représenter la Nation.
En juin 1974, Pinochet est nommé Chef suprême de la Nation.

Dictature et totalitarisme

À la suite de ce coup de force, une dictature militaire se met en place.

Dans les semaines qui suivent, 1800 personnes sont assassinées et des milliers d'autres emprisonnées, torturées et violées.

Le Parlement est dissous.

Le communisme est interdit.

Toute activité politique à l'intérieur du pays est suspendue.

La liberté de la presse est supprimée.

Les responsables politiques locaux et l'ensemble des maires sont destitués.

Des militaires sont nommés à la tête de toutes les universités.

Les syndicats sont réprimés.

Arrestation

En octobre 1998, le général Pinochet est placé en état d'arrestation pour assassinats, disparitions, génocide, tortures et terrorisme.

Fraudes et détournements de fonds

Pinochet et sa famille auraient ouvert des dizaines de comptes aux États-Unis et dans les Caraïbes, pour un montant de 27 millions de dollars provenant de trafic d'armes.

Affaire des lingots d'or

La banque HSBC indique qu'elle n'est pas en possession de neuf tonnes de lingots d'or au nom d'Augusto Pinochet.

Décès

Il meurt le 10 décembre 2006.

On estime qu'à cause de lui, un million de Chiliens ont quitté le pays, soit 10 % de la population.

Saloth Sâr / Pol Pot

1925   1963   1998.
Homme d'État cambodgien

Situation préalable

Malgré l'appui du Viêt Nam du Sud et des États-Unis, le régime de Lon Nol s'avère incompétent dans la lutte contre le communisme.

En 1973, la situation militaire se détériore et l'armée n'est en mesure que de défendre la capitale, Phnom Penh, surpeuplée de réfugiés fuyant les bombardements américains ou les mesures drastiques déjà imposées dans les zones rurales par les Khmers Rouges.

Accession au pouvoir

En avril 1975, les forces communistes menées par Saloth Sâr triomphent de l'armée de Lon Nol.
Saloth Sâr se fait alors connaître comme le "Frère numéro un".
Il adopte son nom de guerre : Pol Pot.
Il est le membre le plus important de l'Angkar.

Dictature et totalitarisme

Dès leur prise de pouvoir, les Khmers Rouges soumettent le pays à la dictature. Se servant de la légitimité du GRUNC Gouvernement royal d'union nationale du Kampuchéa pour gouverner, Pol Pot et ses alliés mettent en place un régime totalitaire qui entreprend rapidement d'éliminer tout individu lié au gouvernement de Lon Nol.

Sous le prétexte fictif d'une attaque américaine, Phnom Penh est vidée de ses deux millions d'habitants dans les jours qui suivent.

Tous les citadins sont forcés d'aller travailler dans les campagnes.

Pendant près de quatre ans, les Khmers Rouges font régner la terreur, s'acharnant sur la population urbaine et sur les intellectuels.

Beaucoup de jeunes femmes sont violées.

Les prisonniers sont torturés et affamés.

Tout ce qui rappelle la modernité ou l'Occident est systématiquement détruit.

La monnaie, la famille, la religion et la propriété privée sont abolies. Le Cambodge est coupé du monde.

En 1977, Pol Pot multiplie les purges au sein de son propre parti.

Il couvre les frontières de mines anti-personnel.

Il impute la responsabilité de ses échecs au Viêt Nam.

Son gouvernement ne cesse de créer des incidents avec ses voisins en mettant en avant des revendications territoriales.

Pol Pot élabore un plan quadriennal aux effets catastrophiques.

En 1978, Pol Pot prétendra que c'est lui qui avait proposé aux Chinois une alliance avec Sihanouk.
En fait, c'était le contraire et il s'agissait d'une volonté de Pol Pot de réécrire l'histoire.
Il partageait avec Lon Nol la conviction d'une supériorité naturelle des Cambodgiens qui devait leur permettre de battre les Vietnamiens.
Plus de 20% de la population disparut du fait d'exécutions, torture, travail forcé, maladie et famine. Tous les moines et nonnes bouddhistes ont été exterminés.

Décès

Pol Pot meurt d'une crise cardiaque le 15 avril 1998.

Saddam Hussein Al-Madjid

1937   1979   2006.
Homme d'État irakien.

Situation préalable

Saddam Hussein joue un rôle déterminant lors du coup d'État de juillet 1968 qui porte le parti Baas au pouvoir en Irak
En tant que vice-Président du pays, Saddam Hussein tire profit de l'instabilité politique qui règne en Irak.

Accession au pouvoir

Sa répression sévère de plusieurs révolutionnaires, séparatistes, chiites et kurdes lui permet de se maintenir en tant qu'homme fort du pays.
En 1979, il est élu Président, il lance la purge du parti Baas irakien en l'accusant d'être à la solde du Parti Baas syrien et d'avoir comploté contre l'état irakien.
La brutalité de sa dictature demeure largement condamnée, du fait de multiples violations des droits de l'homme, crimes de guerre, meurtres, crimes contre l'humanité et génocide

Dictature et totalitarisme

Saddam Hussein utilise tous les moyens pour contrôler la population et régner sans partage.

La propagande est omniprésente.

La presse est censurée.

La peur d'être exécutés paralyse les opposants au régime.

La fortune accumulée au cours de sa présidence est estimée à plusieurs dizaines de milliards de dollars mais il n'apparaît jamais comme le propriétaire réel.

Décès

Saddam Hussein est mort pendu le 30 décembre 2006.

Joseph Staline

1878   1922   1953.
Homme d'État soviétique d'origine géorgienne.

Surnoms

Il est surnommé "Sosso" pendant son enfance.
Il se fait ensuite appeler "Koba", comme le héros populaire géorgien.
Il se fait ensuite appeler Staline, de "stal" qui signifie "acier ".

Situation préalable

En 1922, il devient secrétaire général du Comité central du Parti communiste.
En 1924, après la mort de Lénine, il supplante un à un ses rivaux, contraints à l'exil ou évincés des instances dirigeantes.
Il empêche la publication du "testament de Lénine", où il est écrit : "Staline est trop brutal, et ce défaut parfaitement tolérable dans notre milieu et dans les relations entre nous, communistes, ne l'est pas dans les fonctions de Secrétaire Général. Je propose donc aux camarades d'étudier un moyen pour démettre Staline de ce poste et pour nommer à sa place une autre personne qui n'aurait en toutes choses sur le camarade Staline qu'un seul avantage, celui d'être plus tolérant, plus loyal, plus poli et plus attentif

envers les camarades, d'humeur moins capricieuse, etc."

En dépit des vœux de Lénine, Staline, le fait embaumer et installer dans un mausolée sur la place Rouge.

Accession au pouvoir

S'appuyant sur la bureaucratie, sur l'appareil policier, sur la Guépéou puis sur le NKVD, il impose un pouvoir personnel absolu et transforme l'URSS en un État totalitaire.

Dictature et totalitarisme

Culte de la personnalité, secret systématique autour de ses faits et gestes, travestissement de la réalité, recours à la propagande, falsification du passé, dénonciation délirante de complots, de saboteurs et de traîtres, organisation de procès truqués, liquidation physique d'adversaires politiques ou de personnalités tombées en disgrâce, retouches et trucage des photos, sont les caractéristiques permanentes de son régime.

Il procède à la collectivisation des terres.

Il décrète la liquidation des koulaks.

Il industrialise l'Union soviétique par des plans quinquennaux irréalistes.

Il fait mettre à mort ou envoie des millions de personnes en camps de travail.

Il pratique des déplacements massifs de populations.

Il provoque plusieurs famines meurtrières.

Entre 1929 et 1933, il met en place la collectivisation des terres avec pour résultats :
- la moitié du cheptel a été abattue sur place par les paysans.
- les riches terres à blé d'Ukraine ont été ravagées par la famine de 1932-1933 délibérément provoquée par Staline.
- fuite anarchique de 25 millions de campagnards vers des villes vite surpeuplées.
- plus de deux millions de koulaks déportés en Sibérie et abandonnés sur place.

En 1934, Staline restaure le titre de maréchal et revient au nationalisme Grand-Russe.

En 1934, Les Grandes Purges anéantiront les dernières velléités de résistance au sein du Parti et de la population.

En 1935, Staline abaisse à douze ans l'âge limite pour la condamnation à mort.

À cause du système des kolkhozes, la Russie, devient un pays importateur de céréales alors qu'elle était premier exportateur du monde sous les tsars.

De 1936 à 1938, des procès truqués sont montés de toute pièce pour éliminer les opposants à Staline.

En juillet 1937, il impose que la faute d'un individu s'étend à son conjoint, à ses enfants, à sa famille entière, à tout son réseau d'amis et relations, ordre qui conduit à arrêter 18 000 épouses et 25 000 enfants.

En 1940, Trotski est assassiné au Mexique.

Il ordonne la déportation de centaines de milliers de Polonais et de Baltes, le transfert en Asie centrale de 170 000 Coréens et la sédentarisation forcée des populations nomades.

Seconde Guerre mondiale

Les purges d'avant-guerre ont profondément affaibli l'Armée rouge.

La quasi-totalité des généraux compétents, tous les amiraux et 90 % des cadres supérieurs de l'armée ont disparu.

11 000 officiers sur 70 000 ont été fusillés.

20 000 autres sont internés au Goulag.

Le 5 mars 1940, Staline fait contresigner par le Politburo son ordre d'exécuter sommairement plus de 20 000 officiers et notables polonais sommairement enterrés près de Katyn.

En 1940, Staline annexe les États Baltes puis la Bessarabie roumaine. La terreur et la soviétisation s'abattent sur ces territoires. Elles se traduisent par la déportation de plusieurs centaines de milliers d'habitants et le meurtre d'une partie des élites locales. Après la victoire de 1945, la population espère conserver la liberté concédée pendant la guerre mais Staline rétablit le statu quo ante.

En 1948, les pays d'Europe de l'Est sont placés sous contrôle de l'URSS.

Staline impose le modèle soviétique.

Culte de la personnalité

Des dizaines de villes, des milliers de rues, de fermes et d'usines portent le nom de Staline.

Le point culminant de l'URSS, le pic Sâmâni au Tadjikistan est rebaptisé pic Staline.

Le stalinisme se caractérise par une affirmation du nationalisme, du chauvinisme, par un renforcement de la russification et la répression des minorités.

Il fait réécrire en permanence l'histoire pour apparaître comme le co-auteur de la révolution russe, pour gommer le rôle de ses opposants et pour attribuer à des Russes la paternité de toutes les grandes inventions contemporaines, (ce qu'il va falloir corriger). Il approuve les théories charlatanesques de Lyssenko et ravage ainsi la génétique soviétique.

Il intervient dans les questions linguistiques pour permettre l'avènement de "l'homme nouveau ".

Jusqu'au moment de leur exécution, des condamnés à mort protestaient de leur amour pour lui alors que Staline pilotait en personne toutes les opérations de la Grande Terreur.

Caractère

Impénétrabilité, brutalité, brusquerie, colère et paranoïa, tempérament rancunier, instable, imprévisible, névrosé, hystérique, opportuniste, rusé, égocentrique, il tendait à considérer toute critique comme un affront personnel.

Bilan

Entre 1922 et 1953, 18 millions de personnes, une sur cinq, ont connu le Goulag.

Entre 1930 et 1932, deux millions de koulaks sont déportés au-delà de l'Oural, sans structures ni habitations pour les accueillir.

Entre 1932 et 1933, la collectivisation forcée des terres ravage les riches terres à blé ukrainiennes et la famine (holodomor) fait 6 millions de morts.

Entre 1937 et 1938, les Grandes Purges conduisent à l'exécution de 680 000 personnes et à l'envoi un million d'autres au Goulag.

Staline instaure officiellement la torture dans les prisons.

Il a personnellement signé 383 listes de condamnations à mort collectives représentant un total de 44 000 individus.

Entre 1939 et 1941, deux millions de polonais sont déportés en Russie septentrionale, en Sibérie ou au Kazakhstan.

En 1944, en six jours, l'intégralité du peuple tchétchène est déportée en Asie centrale.

De même les Coréens de l'Extrême-Orient russe, les Allemands de la Volga, les Kalmouks, les Tatars de Crimée, ainsi que des Ukrainiens, des Estoniens, des Lettons et des Lituaniens.

On dénombre plus de 50 campagnes de déportation génocidaire.

Estimation des pertes humaines dues à Staline :
Exécutions   2,5 million
Goulag   5 millions
Morts en déportations   1,7 million
Prisonniers de guerre et civils allemands 1 million
Famines   10 millions

D'un autre côté, il semble légitime d'avoir des doutes sur le nombre de morts dus à a Seconde Guerre Mondiale. D'abord, il ne s'agit pas toujours de Russes, loin s'en faut, beaucoup de nations satellites ont largement contribué au nombre de victimes. D'autre part, les Soviétiques ont compté les morts dus aux famines et à la mauvaise direction de leurs dirigeants, ce qui est un comble. Ensuite, on imagine mal la Wehrmacht et la Luftwaffe leur infliger autant de pertes, surtout dans le contexte du pacte Molotov–Ribbentrop. On parle ici de 25 millions de morts entre le 22 juin 1941 et le 30 avril 1945, soit 1408 jours, (sachant que l'Opération Barbarossa s'est terminée le 05 décembre 1941), ce qui fait une moyenne de plus de 17 000 morts par jours. Sans contester les capacités des armées allemandes, ça laisse rêveur.

Enfin, plus le nombre de morts est grand, plus le peuple pense qu'il a consenti un énorme sacrifice pour la "Sainte Russie" et donc qu'il s'agit d'une nation de héros qui continueront dans le futur à mettre en avant le pays par rapport à l'individu. C'est exactement ce qui convient à un dictateur, des gens qui pensent que leur propre vie ne vaut rien. Comment se rebeller dans ces conditions ?

Décès

Joseph Staline est déclaré mort le 5 mars 1953.

Alfredo Stroessner

1912 1954 2006.
Militaire et un homme d'État paraguayen.

Situation préalable

Entre 1932 et 1935, il participe à la guerre du Chaco entre la Bolivie et le Paraguay.
En 1940, il est nommé colonel.
En 1947, la guerre civile éclate, Stroessner organise alors la répression pour le régime.
En 1948, il est mêlé à une tentative de coup d'État visant à renverser le Président González, il favorise l'accession de Federico Chaves à la présidence.
En 1950, il est général de brigade.
En 1951, il devient commandant en chef des forces armées.
Le pays connaît une forte période d'instabilité avec une succession de gouvernements.

Accession au pouvoir

En mai 1954, il prend la tête d'un coup d'État qui renverse le Président Federico Chaves. Après une période de transition, il est à la tête du pays.

Révision constitutionnelle

Il fait rédiger une nouvelle constitution.

Il est candidat unique lors de l'élection présidentielle d'août 1954.

Grâce à une longue série d'élections entachées de fraudes il parvient à se maintenir au pouvoir pendant près de 35 ans.

Dictature et totalitarisme

De 1954 à 1967, il prend le contrôle de tous les centres de pouvoir.

En 1977, une modification constitutionnelle lui permet de devenir Président à vie.

Il fait du Paraguay un État policier qui réprime toute opposition au régime.

La contrebande et divers trafics se développent.

L'adhésion au Parti Colorado devint obligatoire.

Des purges régulières éliminent les opposants et les dirigeants les moins corrompus.

Corruption

Le régime emploie la corruption pour conserver la fidélité des armées.

Un tiers des terres agricoles du pays ont été distribuées à des relations, politiciens, hommes d'affaires et officiers.

Sa fortune est estimée à 4 milliards de dollars.

Le trafic de stupéfiants et d'alcool devient chose courante.

Dictature et totalitarisme

À partir de 1967, Stroessner force les Guayaki à se sédentariser.

Un tiers des Paraguayens prennent le chemin de l'exil durant sa présidence.

400 000 personnes sont arrêtées et emprisonnées.

Le nombre de morts est estimé à 5000 personnes.

Plus de 18 000 prisonniers auraient été torturés.

En 1977, le Washington Post le décrivait comme sexuellement dépravé. De nombreuses plaintes pour viol et séquestration ont été déposées à la fin du régime.

Exil

Après un coup d'État, Alfredo Stroessner s'enfuit au Brésil qui refusa de l'extrader bien qu'il soit condamné à plusieurs reprises pour crimes de guerre et crimes contre l'humanité.

Décès

Il meurt le 16 août 2006 à Brasilia.

Postérité

Malgré le fait que sa dictature ait été l'une des plus violentes d'Amérique latine, Alfredo Stroessner reste une figure reconnue au Paraguay et nombreux sont les nostalgiques de cette période.

Josip Broz Tito

1892   1945   1980.
Homme d'État yougoslave.

Situation préalable

Pendant l'entre-deux-guerres il participe aux activités clandestines du Parti communiste yougoslave.
Il se fait appeler "Walter" puis "Tito".
Entre 1923 et 1928 il est un agent à la solde de Staline lors des purges de 1927.
Entre 1928 1934, il est emprisonné pendant 5 ans.
Dans les années 1930, il prend la tête du Parti communiste.
En 1935, il est élève à l'École internationale Lénine.
Il est membre du parti communiste soviétique et du NKVD.
Durant la Seconde Guerre mondiale, il prend la tête de la résistance communiste.
En 1943, il s'octroie le grade de maréchal de Yougoslavie.
En 1945, il a le monopole du pouvoir, avec le titre de Président du Conseil exécutif.

Accession au pouvoir

L'Armée rouge libère la Serbie en octobre 1944, Tito devient le chef d'un gouvernement provisoire.

La présence de l'Armée rouge lui permet de s'imposer face aux monarchistes.

Un système d'urnes truquées permet de connaître les électeurs non-membres du Front national, qui sont emprisonnés peu après.

Dictature et totalitarisme

En 1945, une loi oblige les paysans à livrer une partie de leurs récoltes à l'État. Les quantités sont fixées à l'avance et ne correspondent pas à ce que peuvent fournir les agriculteurs, ce qui entraîne une baisse de la productivité.
30 000 paysans sont arrêtés par la police politique en 1948.
En juillet 1946, sous le prétexte de collaboration, Tito fait fusiller Draža Mihailović, son rival.

Réforme constitutionnelle

En 1946, une nouvelle Constitution copiée sur celle de l'URSS consacre le pouvoir de Tito.
Il cumule les fonctions de Premier ministre et de chef du Parti communiste.
En 1953, il est Président de la République.
L'opposition est déclarée illégale.
En 1974, il est Président à vie.

Culte de la personnalité

Il s'auto-proclame maréchal de Yougoslavie.
Les municipalités doivent inaugurer des statues à son effigie.
Plusieurs localités sont baptisées de son nom.
Il fait coïncider le jour de son anniversaire avec celui de la fête nationale.
En 1974, la nouvelle constitution déclare que Tito est nommé Président à vie.

Décès

Il meurt le 4 mai 1980.

Xi Jinping

1953 — 2013.
Homme d'état chinois.

Comme plusieurs dictateurs avant lui, Xi Jinping utilise la dictature d'un parti, relativement admise par le peuple, encore que… à son propre compte, surtout pour conserver le pouvoir entre ses mains, ce qui est toujours le cas d'un dirigeant contestable et contesté, le fait de rester au pouvoir le mettant pour un temps à l'abri de tout procès.

Situation préalable

En 1962, son père est victime d'une purge.
Accusé de complot, arrêté, humilié, exhibé en public, il est obligé de faire son autocritique.
Xi Jinping est harcelé par les gardes rouges.
Dans les années 1970 il adhère au Parti communiste.
Dans les années 1980, il y exerce ses premières fonctions.
Du 15 mars 2008 au 14 mars 2013, il est vice-président.

Accession au pouvoir

En mars 2013, il devient Président de la république.
Il procède à un renforcement de l'influence idéologique du PCC sur la société chinoise.

La Chine connaît un rayonnement culturel international sans précédent.

Réforme constitutionnelle

En mars 2018, par 2958 voix pour, deux contre et trois abstentions, les députés plébiscitent un changement de la Constitution.
Xi Jinping est virtuellement Président à vie.
La pensée Xi Jinping est gravée dans la Constitution au même titre que celle de Mao Zedong.

Dictature et totalitarisme

En 2013, deux milliards d'euros sont dépensés lors des célébrations du120^{ème} anniversaire de la naissance de Mao.
La Chine devient la plus grande prison d'écrivains et de journalistes au monde.
En 2014, un examen idéologique est instauré pour contrôler l'ensemble des journalistes.
Il est interdit de contredire la ligne du Parti communiste chinois.
En 2016, des camps d'internement au Xinjiang sont mis en place où un million de musulmans ouïghours et kazakhs sont détenus.
Il accentue la répression anti-chrétienne.
En 2018, quelque 10 000 églises protestantes sont fermées.
En 2019, sa réaction est extrêmement brutale contre les manifestations à Hong Kong.

Xi Jinping remet en place un contrôle idéologique dans les écoles, les universités et les médias.
Xi Jinping a rédigé un texte où il s'oppose à "la démocratie et aux droits de l'homme".
Les points de vue contraires au Parti communiste chinois sont interdits.
Xi Jinping détermine "sept périls" parmi lesquels :
-	la démocratie constitutionnelle occidentale,
-	les valeurs universelles des droits de l'homme,
-	la société civile,
-	la liberté de la presse,
-	le libéralisme.

En résumé, il est interdit de penser.
Pourquoi les Chinois acceptent-ils ça ?
Il faudrait leur demander. La réponse risque d'être décevante, puis qu'ils n'ont pas le droit de penser…
Il est vrai qu'il est plus facile de ne pas penser, enfin, pour un crétin.

Peut-être que l'adage a raison :

"On a les dirigeants qu'on mérite"

D'un autre côté, pourquoi est-ce que les démocraties occidentales continuent-elles à commercer avec un pays qui déclare ouvertement vouloir nous détruire ?

Et tous les autres, dictateurs

passés, présents et à venir.

Sauf qu'il en reste un dont il faut parler, celui qui m'a donné envie d'écrire ce livre :

Vladimir Poutine

1952   2000.
Homme d'État russe.

Après des exactions sans noms sur certaines des républiques limitrophes, sans aucune réaction des occidentaux, les Russes prétendent libérer la Crimée puis d'autres territoires de l'Ukraine. Il est évident que l'invasion de l'Ukraine est le déclencheur de ce livre et Vladimir Poutine le pire des dictateurs puisqu'en plus de voler son pays, il prétend voler les pays des autres tout en menaçant des pays loin de chez lui qui ne le menaçaient pas le moins du monde.

Situation préalable

Officier du KGB, il est en poste à Dresde au moment de la chute du mur de Berlin.
Il commence sa carrière politique à la mairie de Saint-Pétersbourg.
Il devient ensuite un des conseillers du Président Boris Eltsine.
En 1998, il devient directeur du Service Fédéral de sécurité, ex-KGB
En 1999, il devient le Président du gouvernement de la Russie.

En 2000, suite de la démission de Boris Eltsine, il assure les fonctions de Président de la fédération de Russie par intérim.

Accession au pouvoir

Le 7 mai 2000, il devient Président avec pour programme le retour de la Russie sur la scène internationale.
Pour ce faire, il obtient une totale concentration des pouvoirs présidentiels.
Il est largement réélu en 2004.

Révision constitutionnelle

Il devient virtuellement Président à vie en faisant adopter la non-limitation du nombre des mandats présidentiels.
En février 2022, il reconnaît les républiques séparatistes de Donetsk et de Lougansk et ordonne une invasion militaire de l'Ukraine, avec pour modèle l'invasion des Sudètes par Hitler. Pour quelqu'un qui prétend lutter contre le nazisme...
En 2023, la Cour pénale internationale émet à son encontre un mandat d'arrêt pour crimes de guerre.

Dictature et totalitarisme

De plus en plus, la Russie connaît une érosion de la démocratie et un glissement vers l'autoritarisme.

La corruption, endémique depuis toujours augmente encore.

Atteintes aux droits de l'homme, emprisonnements sans jugements, répression d'opposants politiques, intimidation, suppression de médias indépendants et absence d'élections libres deviennent la règle.

Il faut admettre qu'une grande partie de la population, lassée des troubles apparus après la chute du communisme, est satisfaite du retour à l'ordre.

Le pouvoir central craint particulièrement de voir l'éclatement de la fédération de Russie et la montée du nationalisme dans les républiques non-russes, surtout du fait de l'effondrement économique et social consécutif à la disparition de l'Union Soviétique.

L'emprise des services de renseignements est renforcée ainsi que ceux de la police et de l'armée.

Gouvernance et dérive autoritaire

Toutes les élections sont entachées de fraudes électorales. Le Parlement et la Cour constitutionnelle, le gouvernement et la justice sont aux ordres du pouvoir politique.

Partout règnent la violence et l'impunité.

C'est le règne des décisions opaques, de l'arbitraire et des méthodes expéditives.

Fortune

Différentes estimations vont jusqu'à 200 milliards de dollars.

Mais pour d'autres, le montant n'a finalement aucune importance, Poutine ayant plus de pouvoir que l'argent peut en acheter.

Poutine n'a même pas l'excuse de l'idéologie soviétique qui voulait amener le communisme partout dans le monde pour faire le bonheur des ouvriers, ce qui était déjà un mensonge en son temps, mais enfin, il y avait un semblant de pensée structurée, appuyée sur les écrits de plusieurs penseurs comme Marx et Hegel et d'autres avant eux, comme les écrivains des Lumières. Non, là, Poutine est un simple voleur. Avec une bande de compères de Saint Pétersbourg, ils ont conçu toute une machinerie pour voler l'ensemble de la Russie pour leur propre bénéfice. Malheureusement pour les Ukrainiens et les non-Russes de l'ex URSS, ils ont réussi.

Décès

Certains attendent impatiemment la mort de Poutine et d'autres persisteront à voir en lui un héros. Ainsi va le monde.

Le cas de la Russie

L'adage dit qu'on a les dirigeants qu'on mérite, mais l'Histoire du monde aurait tendance à mettre en avant son corollaire, un dirigeant est toujours à l'image du peuple qui l'a mis au pouvoir.

On voit clairement que la société Russe est tout à la fois violente et passive, agressive et servile devant les atrocités du pouvoir.

La bataille de Stalingrad aura eu un effet inattendu sur le peuple soviétique et principalement sur les Russes. Ils ont compris qu'il était possible de gagner une guerre au prix de pertes gigantesques. À partir de là, l'esprit de sacrifice s'est inscrit profondément dans la psyché collective.

Au point que Staline lui-même a préféré sacrifier son fils Iakov Djougachvili en refusant de l'échanger contre le feld-maréchal Friedrich Paulus. La propagande dira que c'est un honneur de devenir un martyr de l'Union Soviétique.

On voit clairement que les dictateurs sont des voleurs de pays, Vladimir Poutine en tête, qui détourne les richesses de son pays à son profit et au passage, pour certains de ses amis du FSB et de Saint Pétersbourg.

Mais, du temps de l'URSS, la Russie, et cette fois il s'agit bien du peuple Russe, a mis les autres républiques en coupe réglée en pillant leurs richesses. De même pour les républiques socialistes "amies" comme les Pays Baltes, la Pologne ou l'Allemagne de l'Est, sans parler de l'Ukraine, pays qui en plus des richesses minières, agricoles et industrielles fournissaient l'élite intellectuelle.

Les innombrables copies dues à l'espionnage industriel, dont la moindre n'est pas le Concorde, montrent bien que le vol est à la base du système Russe, sans parler de la bombe atomique qu'ils se sont ouvertement vantés d'avoir volée aux Américains.

Aujourd'hui encore, la confédération de Russie vole son nom, la véritable Russie n'étant en fait qu'un petit pays par rapport à ce que les cartes montrent. Cela permet de voler du gaz des sibériens et de faire croire que c'est du gaz Russe, les Chinois attendant patiemment de le voler à leur tour.

La guerre en Ukraine a pour prétexte les populations russophones de certains oblast, mais c'est bien pour voler les trois quarts des mines de charbon qui s'y trouvent.

Ils ont même réussi à prendre l'armement atomique alors en Ukraine contre la garantie de leurs frontières.

Au passage, les Wallons sont des Belges francophones et francophiles, mais ils n'ont aucune envie que la France fasse quoi que ce soit pour les "libérer" et les intégrer sur son territoire. Ils préfèrent rester Belges. Ils ont raison et il faut croire que les Ukrainiens russophiles et russophones étaient dans le même cas. D'un autre côté, la France ne fait pas de propagande.

Il est fort possible, mais j'espère me tromper, que le résultat de tant de purges, de tant de fuites de cerveaux, de tant de morts au combat, de tant d'internements dans des camps, de tant de propagande et d'esprit de sacrifice n'ait laissé en fin de compte qu'une nation de criminels et de crétins. Il n'est qu'à voir la violence des soldats entre eux, c'est-à-dire la représentation la plus évidente de la population russe. La violence est omniprésente dans les armées, elle est institutionalisée et profite de la passivité des autorités, si toutefois elle n'est pas encouragée, peut-être pour mieux générer des atrocités comme on l'a vu en Ukraine. Rappelons quand même qu'un militaire n'a pas le droit de commettre des crimes, même en temps de guerre.

La Russie n'a rien de Sainte, ce n'est qu'une nation de voleurs qui se trouve maintenant volée à son tour par le pire des voleurs, parfaitement serein, sûr qu'il sera adulé par tout un peuple, à l'exemple de Lénine et de Staline.

Il n'est plus question de passivité de la population Russe, elle se militarise de plus en plus, jusque dans les petites classes des écoles. Un Russe est fier d'affirmer qu'il n' pas de valeur en tant qu'individu et que seule la Russie a de l'importance. Au passage, c'est bien pratique pour un dictateur, des gens qui disent de telles idioties. De la même manière, tout le monde s'accommode des fraudes électorales. Puisque l'état de droit ne leur importe pas, c'est à se demander pourquoi ils vont voter. Il en va de même pour la corruption, généralisée en tant qu'institution. S'il n'y avait pas de corrompus, il n'y aurait pas de corrompeurs. C'est un peu comme la drogue, si personne n'en utilisait, il n'y aurait pas de trafic. Je sais, nous sommes des êtres humains, mais quand même, ce n'est pas une excuse.

L'incompétence de Mussolini avait entraîné une prise de conscience des Italiens et la déchéance de leur dictateur, il n'y a malheureusement aucun espoir quant à la Russie.

Pour laisser l'avocat de la défense dire un mot, vous savez, l'avocat du diable :

Si on y réfléchit objectivement, quelle que soit sa justification, chaque locataire du Kremlin depuis Ivan III n'a eu de cesse d'appauvrir le peuple, de ruiner la Russie et de faire mourir des millions de Russes.
Dans quel but ???

Dans toute leur histoire les Russes n'ont jamais connu un état de droit avec des lois justes et équitables, une société exempte de corruption, une police qui ne soit pas un état policier, des dirigeants n'utilisant pas la propagande et le mensonge en permanence.

Il va leur falloir beaucoup de courage et de persévérance pour devenir un état de droit.

Relecture

Parfois, la relecture d'un livre apporte un éclairage nouveau sur tel ou tel sujet.

En écrivant un livre sur les dictateurs russes, on finit par s'apercevoir qu'il n'a jamais été question d'une lutte entre le communisme et le capitalisme.

D'abord, les livres de Marx et Hegel s'adressaient aux sociétés industrielles d'Angleterre, de France et d'Allemagne, en aucun cas à la paysannerie russe.

Revenons aux définitions :

Capitalisme

Régime économique et social dans lequel les capitaux, les sources de revenu, les moyens de production et d'échange n'appartiennent pas à ceux qui les mettent en œuvre par leur propre travail.

Or, ce n'était pas le cas en Russie Tsariste. C'est-à-dire que les riches Russes n'avaient pas de capitaux mais ils possédaient les terres, ce qui n'est pas exactement la même chose. Les Tsars n'ont jamais été capitalistes et contrairement aux ouvriers d'usine en Angleterre, les paysans russes ne percevaient pas de salaire.

Communisme

Le terme de communisme désigne une forme théorique de société sans classes et d'organisation sociale sans État, démocratique, où la propriété privée lucrative et le salariat seraient abolis et les moyens de production mis en commun.

Or, ce n'était pas le cas en URSS. Contrairement à la doctrine qu'ils essayaient de répandre et qui a bien fonctionné dans les pays pauvres et peuplés de crétins :
- Il y avait bien des classes, notamment en fonction ou non de l'appartenance au parti.
- Il y avait bien un état, l'URSS.
- Il y avait bien un salariat, même s'il était inégal et limité.
- Enfin, si les moyens de production ont bien été mis en commun, les bénéfices n'ont certainement pas été partagés équitablement.

Alors, que s'est-il réellement passé ?

Lénine ne s'est pas battu contre le capitalisme, les Soviétiques n'ont jamais été communistes, il s'agit seulement d'un peuple, la Russie qui depuis mille ans entraîne les autres pays crétins à détruire l'Occident.

Par ??? je laisse à chacun le soin de mettre le nom qui convient.

En fait, les Russes ne sont pas encore parvenus à la civilisation, ils sont restés des barbares, comme ceux qui ont envahi l'Empire Romain à des fins avouées de pillage, avec toutes les exactions habituelles, vol, viol et meurtres.

Rappelons que, sur le mur de Berlin, il y avait un soldat Russe à côté de chaque soldat Allemand pour l'obliger à tirer sur d'autres Allemands qui essayaient de passer à l'Ouest.

À ce sujet, quand on fait un mur pour empêcher les gens de partir, on ne peut pas ignorer que les gens sont malheureux et c'est en fait un mauvais calcul. Mais Poutine a compris, il favorise l'émigration des élites pour avoir moins d'opposants.

Est-ce qu'il y a encore des élites en Chine et en Corée ?

Conseil à tous les dictateurs actuellement en place et autres apprentis-scélérats, suivez l'exemple de

Poutine, laissez partir tous ceux qui veulent, les élites et les intelligents, il vous sera bien plus facile de mettre en esclavage tous les crétins qui choisiront de rester.

En résumé, si j'avais l'idée criminelle de devenir dictateur, sans hésiter ce serait en Russie.

Après ça

Après ça, une idée m'est venue. Une vilaine idée mais après tout, la politique extérieure est un jeu de vilains. Alors…

Et si nos démocraties avaient provoqué tout ça, par calcul... Voir des voisins s'entre-tuer est bien moins coûteux en vies humaines et en destructions que leur faire la guerre. D'un autre côté et d'un simple aspect économique, un bon voisin est toujours un concurrent, une menace pour l'emploi. Alors que là, un dictateur fait plus de dégâts dans son pays que tous les généraux ennemis, le tout sans risques ni reproches pour les autres.

Imaginez…

Imaginez, en 1989, la chute du mur de Belin sonne le glas de l'URSS. À ce moment, Poutine est à Dresde, mis au placard par le KGB qui le considère comme un agent médiocre.

Mais au KGB, il a appris la chose la plus importante en Russie : le mensonge. Comme ils le disent eux-mêmes, le KGB invente des mensonges et ils finissent par y croire. Comme Poutine sait qu'il ne gravira que peu d'échelons dans une Russie sans espoir, il se laisse aborder par des agents de l'Ouest et se laisse convaincre de travailler pour l'Ouest. La récompense sera une partie de l'énorme prêt du FMI, plus de vingt milliards de dollars qu'il pourra détourner à sa guise.

Grâce à ça et la complicité d'un Boris Eltsine, particulièrement corrompu, il devient Président puis dictateur. Depuis il a fait mourir plus de Russes que Khrouchtchev, Brejnev, Andropov, Tchernenko et Eltsine réunis, infiniment plus de Russes que l'Otan aurait pu éliminer en cas de guerre ouverte.

Et si Poutine était à la solde de l'Ouest, comment ferait-il fait pour anéantir tant de gens et de richesses en Russie ? comme ça !

Dictateur

Il se trouve que cette galerie de portraits est particulièrement attachée au XXème siècle, peut-être par choix inconscient de ma part ou du fait des sources que j'ai consultées. Peut-être surtout parce qu'avant le XXème siècle la plupart des pays ayant connu une dictature étaient dirigées par des monarques, eux-mêmes en place pour leur vie entière.

Alors qu'un dictateurs utilise les moyens les plus ignobles pour se maintenir au pouvoir, un roi comme Louis XIV est légitime dès sa naissance et quel que soit son comportement, il n'aura pas besoin d'utiliser des moyens inavouables pour se maintenir au pouvoir et il aura toujours en vue le bien de sa nation et de ses sujets. Qu'il dirige personnellement son pays ou qu'il soit un monarque parlementaire, une opposition peut parfaitement exister sans qu'il craigne d'être supplanté, sauf dans de rares cas, c'est vrai. Et c'est bien au XXème siècle que la plupart des monarchies sont devenues des républiques.

Un dictateur est une personne, qui, après s'être emparée du pouvoir, l'exerce sans contrôle au mépris le plus total de la vie et du bonheur des gens de son pays.

En ce sens, un dictateur est ni plus ni moins un homme qui vole un pays.

Pour en arriver là, un dictateur est toujours un criminel qui n'a pas hésité à commettre et commanditer des meurtres et des vols.

Il serait faux de croire que les dictateurs s'accrochent au pouvoir pour continuer à l'exercer, en fait, ils s'accrochent au pouvoir pour ne pas être jugés et condamnés par les peuples qu'ils sont en train de spolier, parce qu'en réalité tous les dictateurs savent que ce qu'ils font est mal. Le pouvoir et ce qu'on peut en faire, ils s'en moquent, ils ont déjà tout l'argent du pays à sa disposition, ils veulent juste rester en vie.

Un dictateur est la plupart du temps un homme providentiel qui arrive tout naturellement pour sauver son pays du chaos et qui finit par l'anéantir.

Il entre comme un loup dans une bergerie en se déguisant d'abord en mouton puis en gardien potentiel contre les loups et finit par les dévorer tous.

À ce sujet, il existe un proverbe, ironiquement géorgien, évoquant des moutons qui ont eu peur du loup toute leur vie et à la fin, c'est le berger qui les a mangés.

Tous les dictateurs présentent une forme de mégalomanie associée à une surestime de soi. C'est vrai que dans un premier temps, tout ce qu'ils tentent est un succès. Il arrive même qu'il se croient investis d'une mission, divine ou providentielle. Il faut ajouter que leur entourage, particulièrement à la suite de purge, est toujours enclin à les flatter et leur assurer que le peuple les aime et les soutient. Tous les dictateurs vivent dans une bulle qu'ils ont créée mais qui participe définitivement à les isoler de la réalité. Ils vivent dans un rêve. Ce qui fait qu'un dictateur est tout étonné de se voir traduit en justice. Parfois.

Comment un homme apparemment normal au début de sa vie peut basculer dans l'horreur ? c'est certainement un bel exercice de psychiatrie appliquée.

Souvent, à l'issue d'un premier méfait, un homme se rend compte qu'il est facile d'échapper à la justice et acquiert ainsi un sentiment d'impunité qui le conduira à franchir toutes les limites.

Il s'estime au-dessus des lois, par définition, surtout qu'au bout d'un moment, c'est lui qui les écrit.

Le pouvoir et l'argent sont évidemment de puissants moteurs, alliés à un manque total de compassion envers ses compatriotes, ils en arrivent à voler un pays tout entier.

À l'évidence, un dictateur doit se rendre compte qu'il précipite son pays dans le chaos et qu'il l'appauvrit chaque jour un peu plus. Peu lui importe, il récupère à titre personnel une part non négligeable du produit intérieur brut de son pays. Même, plus les autres sont pauvres plus il paraît riche. C'est bien sûr un calcul de fou.

Les dictateurs se revendiquent souvent les héritiers de tel ou tel grand homme qui leur sert de modèle. Tous rêvent de Jules César qui rêvait lui-même d'Alexandre le Grand, lui-même prétendant descendre d'Achille, le héros légendaire de la Guerre de Troie.

Enfin, un dictateur n'a qu'une obsession, se maintenir au pouvoir à vie, ce sera toujours l'objet de ses premières mesures une fois le pas franchi.

Il serait faux de croire que les méchants sont toujours punis, un jour ou l'autre. Nombre de dictateurs finissent par mourir dans leur lit. Certains, même après avoir été destitués, condamnés, exilés, font l'objet de l'adoration des générations ultérieures. Les gens n'apprennent rien.

Un mot, quand même, pour accorder un point de vue différent, celui des dictateurs. Quelle ne doit pas être leur jubilation quand ils regardent leurs concitoyens. Ils doivent se dire quelque chose comme :

- Non, mais, regardez-moi tous ces crétins qui applaudissent quand j'arrive. Je leur ai pratiquement tout volé et ils s'accrochent aux miettes que je leur laisse. Ils sont même prêts à mourir pour moi. Bon, ils croient que c'est bien pour leur pays, mais en fait ce n'est que pour moi. Pour moi. Moi. Moi. Moi.

Maintenant, entre être le chef d'une bande de crétins malheureux et être un anonyme parmi des gens heureux, comment ne pas choisir ?

Quel peut bien être le motif qui pousse des êtres humains à entrer dans l'illégalité?

Bien sûr, comme tous les criminels, ils n'ont pas pleinement conscience des conséquences de leurs actes, un peu comme un voleur qui entre dans une banque avec une arme pour obtenir de l'argent. Comment peut-il s'imaginer une seule seconde qu'il pourra en profiter impunément ? Bon, admettons que c'est un crétin, ce que n'est pas un chef d'État, a priori. D'ailleurs beaucoup des dictateurs décrits dans ce livre sont considérés comme intelligents. Alors ? Pas assez intelligents quand même pour savoir qu'ils commettent des actes criminels ? Ou assez pour imaginer qu'ils s'en tireront impunis, comme beaucoup d'entre eux, morts dans leur lit ? Possible. Il faudrait le leur demander. Il en reste aujourd'hui. Que quelqu'un se renseigne, ça finirait bien un chapitre de ce livre.

Pire que tout, les dictateurs n'hésitent jamais à perpétrer de faux attentats dans leur propre pays tuant leurs concitoyens mais servant de prétextes à des interventions extérieures.

Dictature

Définition

Il n'existe pas vraiment de définition scientifique de la dictature, sûrement du fait de la diversité de pensée dont l'être humain est capable.

En voici une :
> Une dictature est un régime politique à caractère arbitraire et autoritaire, maintenu par la violence, illégitime et coercitif, dans lequel une personne ou un groupe de personnes exercent sans contrôle tous les pouvoirs de façon absolue, sans qu'aucune loi ou institution ne les limitent.

Elle est à l'évidence incompatible avec la liberté politique, le gouvernement constitutionnel et le principe de l'égalité devant la loi.

Il peut exister la dictature d'un seul homme, d'une famille, d'un parti, d'une idéologie.

La kleptocratie est un terme désignant un système politique au sein duquel une ou plusieurs personnes, à la tête d'un pays, pratiquent à une très grande échelle la corruption, souvent avec des proches et membres de leur famille.

Les dictateurs vont plus loin et ne se contentent pas de pratiquer et encourager la corruption, ils établissent un système criminel…

Ce sont des Kleptochores.
Ce terme est un néologisme. Il utilise les mots grecs :
"klepto" : Du grec ancien κλέπτης : voleur .
"chorâ" : du grec ancien : χώρα : espace de terre limité et occupé par quelqu'un, c'est-à-dire un pays.
Pour faire un parallèle, ils ne volent pas dans la caisse, ils volent la caisse.
Tous les dictateurs finissent par être des Kleptochores.

Analyse

L'analyse sommaire de la galerie de portraits ci-dessus nous montre une série de constantes chez les dictateurs et dans les dictatures.

- Une situation préalable nécessitant un pouvoir fort et des mesures d'exception.
- Pratiquement toujours, une dictature naît dans un pays pauvre, c'est-à-dire un pays où le peuple est pauvre bien que d'immense réserves de matière première soient parfois exploitées sans qu'aucune retombée financière ne vienne favoriser la vie de gens.
- L'accession au pouvoir, souvent de manière légale et presque légitime d'un homme ou d'un parti.
- Un élément déclencheur qui fait basculer un homme ou un groupe d'hommes vers un système mafieux, totalitaire et dictatorial.
- Recours systématique à la corruption.
- Recours quasi systématique à une ou plusieurs révisions constitutionnelles suivies d'une série de réformes verrouillant la dictature.
- Mise en place d'un état policier.
- Un souci de conserver un semblant de justice et de légalité, élections et procès truqués.

- Absence d'élection ou élections falsifiées. Pas ou peu d'observations des élections par la communauté internationale.
- Recours systématique à l'élimination de toute opposition, répression, emprisonnement meurtre, suppression de la presse libre.
- Recours systématique au mensonge et à une propagande savamment orchestrée .
- Maintien de la population loin de l'enseignement, embrigadement de la jeunesse, un peuple instruit étant difficile à manipuler.
- Réécriture de l'histoire.
- Commandement absolu de l'armée et/ou de la police.
- Une passivité du peuple soumis à la dictature.
- Un culte de la personnalité.
- Présence d'une forte empreinte symbolique.
- Un caractère narcissique, mégalomane et paranoïaque.
- L'usage d'un surnom véhiculant l'idée de guider le peuple.
- Une tendance au népotisme et au clientélisme.
- Une absence de compassion et un mépris total envers les autres.
- Un mépris total du jugement des démocraties étrangères.
- Une certitude parfaite de l'immunité. À partir du moment où un homme a du pouvoir sur les autres et la certitude de l'impunité, il est compréhensible qu'il devienne un tyran.

C'est dans une société qui prône les valeurs viriles de force et d'honneur, de bravoure et d'héroïsme, de lutte et de sacrifice que naissent les dictatures. Mine de rien et sous couvert d'améliorer sa santé, le sport et particulièrement les jeux olympiques en sont les porte-drapeaux. À ce sujet, il faudrait bien reconnaître et admettre que sport à haut niveau et compétition sont une folie collective qui génère dopage, nationalisme et haine de l'autre. Le pire est la cérémonie d'ouverture où l'équipe de chaque pays montre fièrement le drapeau pour lequel elle se bat. C'est bien le verbe qu'il faut employer, elle se bat. Les compétiteurs ne font en aucune façon du sport pour améliorer leur santé, il se battent pour montrer qu'ils sont meilleurs que les "sportifs" des autres pays, quitte à utiliser des substance toxiques pour l'organisme, et ce, en toute connaissance de cause. Ça peut paraître insensé, en fait c'est juste normal, ils doivent se battre pour leur pays, et gagner. C'est d'ailleurs souvent les dirigeants des pays peu démocratiques qui encouragent leurs sportifs à détruire leur santé. Ils deviennent des héros pour leur patrie. Patrie où l'individu n'a aucune valeur. Dans cette société qui prône les valeurs viriles de force et d'honneur, de bravoure et d'héroïsme, si la corruption est déjà présente, même à faible niveau, tout est en place pour la naissance d'une dictature.

Un peu de désordre et de mécontentement, survient alors l'homme providentiel qui va sauver la patrie. Il faut bien supprimer les ennemis, surtout ceux de l'intérieur. Les pleins pouvoirs nécessaires pour accomplir cette mission suffiront alors à une réforme de la constitution et cet homme providentiel se change en démon. Il va enfin pouvoir voler son pays en toute impunité. Mieux, il bénéficiera de l'adulation de ses concitoyens. Enfin, des survivants une fois les purges terminées, cela va sans dire.

Situation préalable

Dans presque tous les cas, une situation préalable désastreuse précède l'avènement d'une dictature en confiant les pleins pouvoirs à un seul homme. Il les prend, les utilise et ne les lâche plus. C'est un dictateur.

Il y a ce qui lui donne naissance,
et il y a ce qui la permet.

Souvent, une dictature naît d'un certain état de chaos. Le pays a besoin d'un homme fort pour remettre de l'ordre et se choisit ou laisse venir une personne prête à prendre les rênes. Tout le problème part de là. La plupart du temps, c'est quelqu'un qui avait des prédispositions et même des rêves de devenir puissant, souvent un homme frustré par un départ médiocre. C'est tellement facile et la frontière est tellement faible entre un dirigeant qui restera honnête et un qui deviendra un bandit. Peut-être que si les pays accordaient moins de pouvoir à leurs dirigeants quand tout va bien, il y aurait moins d'hommes à rêver d'un avenir meilleur pour eux.

Les dictateurs proposent toujours d'assurer l'ordre.
Les dictateurs proposent toujours de protéger leur pays contre une agression imaginaire de la part de

pays étrangers pourtant visiblement non agressifs. C'est là le génie du mensonge et de la propagande. Ils proposent aussi de protéger les ressortissants d'autres pays qu'ils montrent comme des victimes : Sudètes ou Oblats.

Il faut l'admettre au départ de la réflexion, tout groupe d'individus, qu'il s'agisse de plantes, d'animaux ou d'êtres humains, possède une part non négligeable d'individus peu stables et sujets à mal se comporter si une sollicitation mineure leur permet. On peut imaginer qu'ils ne basculeraient pas dans des conditions favorables, c'est le rôle de la société de leur permettre d'évoluer correctement pour devenir d'honnêtes citoyens. Est-ce à dire que la société est responsable des crimes et délits commis ? oui, en partie. C'est là qu'il nous faut être particulièrement vigilants. Seul un état fort et honnête peut y parvenir.

Nature humaine

Après ça, il faut quand même se poser cette question :
la dictature ne serait-elle pas une bonne chose ? c'est-
à-dire, l'être humain ne préfère-t-il pas vivre en
dictature. Du fait qu'il y en a toujours eu et qu'il y en
a encore toujours et partout c'est peut-être une
constante de l'être humain. Après tout, il s'agit
d'adultes consentants. Nos belles paroles de
démocraties sûres d'être dans le bon droit sont peut-
être issues elles-mêmes de la propagande. Ne donnons
qu'un seul exemple : il est interdit en France de
pratiquer une discrimination quelle qu'elle soit.
Personnellement, je trouve que c'est juste, la loi est
bien faite. Mais, il est interdit de prétendre le contraire
sur la place publique, de la même façon que les
dictatures interdisent les oppositions et autres libertés
individuelles. On est, aujourd'hui, en France, dans une
situation où il devient interdit de penser, au mépris de
la liberté d'expression. On pourrait objecter que
chacun peut penser ce qu'il veut tant qu'il n'en parle
pas, le raisonnement est fallacieux. Si plus personne
n'a le droit de parler, il devient inutile de penser.
L'impossibilité de droit entraîne l'impossibilité de fait.

Il s'agit d'être bien sûr de soi quand on prétend
quelque chose. Ce livre est censé lutter contre les
dictateurs et les dictatures, mais est-il bien sensé de

vouloir les supprimer tout en les critiquant de vouloir supprimer la démocratie?

Après ça, on est en droit de se poser des questions quant au caractère inévitables des dictatures. En d'autres termes, si Hitler n'avait pas été là, quelqu'un d'autre aurait il fait les mêmes démarches que lui avec les mêmes effets ?

Si Lénine était parvenu à évincer Staline, l'histoire aurait-elle été différente ?

On peut aussi imaginer que les dictateurs ne sont, au moins au départ, que des marionnettes. Qui a financé le parti Nazi à ses débuts ?

Est-ce qu'une situation préalable donnée engendrera inévitablement les mêmes effets ? si oui, il ne faut pas critiquer les dictateurs mais les situations préalables.

C'est un peu le même problème que la délinquance, est-elle due à une carence de la société ? Juste un exemple, on se plaint de voir les barres HLM dégradées par une population en manque de repères. Bon. Imaginons qu'on remplace les HLM par des pavillons individuels dont l'accès serait gratuit, est-ce que cette même population commettra des dégradations ? sans doute que non. Le problème n'est plus, ou plus tout à fait, la population mais la situation préalable. Il faut fermer le robinet de la douche avant d'éponger.

Tolérance

Maintenant, si la dictature est dans la nature humaine, ne faut-il pas l'admettre et la tolérer. Vivre ensemble, c'est bien tolérer le fait que l'autre soit différent. Ne serait-ce qu'à titre privé, tous les époux le savent.

D'un autre côté, l'éducation a justement pour but de lutter contre certains aspects de la nature humaine.

À ce sujet, qu'il me soit permis une légère digression. N'en déplaise à certains, instruction et éducation ne sont pas des synonymes. Si l'instruction est l'affaire de l'école, l'éducation devrait bien être le fait des parents, ce que beaucoup semblent ignorer, par facilité, sans doute. La faute en revient comme d'habitude à la situation préalable. Tant qu'il n'y aura pas, en France, une Instruction Nationale à la place de l'Éducation Nationale, les parents se déchargeront de leur travail sur le corps enseignant, ce qui ne peut amener que le chaos. En fait, c'est précisément ce que font les dictatures : elles éduquent les gens, comme elles le veulent, bien sûr. La vraie question est : que voulez-vous vraiment ?

Revenons aux dictatures. Bien sûr, une démocratie ne peut pas tolérer sa propre destruction et elle a de ce fait le devoir de lutter contre toutes les dictatures dont le but affiché est bien la suppression de la démocratie.

La parole est maintenant à l'avocat du diable, c'est-à-dire l'avocat de la défense, puisque ce livre est un réquisitoire contre la dictature.

- Pour dire que le dictateur vole le pays tout entier, l'auteur l'a qualifié de kleptochore, un mot qui ressemble de près à kleptomane. Or, la kleptomanie est un trouble psychique qui se caractérise par une obsession à voler des objets dont la valeur importe peu.

- En France, l'article 122-1 du Code pénal stipule :
    o N'est pas pénalement responsable la personne qui était atteinte, au moment des faits, d'un trouble psychique ou neuropsychique ayant aboli son discernement ou le contrôle de ses actes.

- Pourrait-on alors dire qu'un dictateur n'est pas justiciable de ses actes ? on ne peut certes pas aller jusque-là, mais enfin, force est de constater qu'il n'est pas exactement dans la norme des gens normaux. Il est quand même psychiquement déviant. Qu'en pense la Faculté ?

L'accession au pouvoir

Chaque pays, chaque nation, chaque État a un dirigeant à sa tête. Bien qu'il n'y ait aucune nécessité à cet état de fait, il en a toujours été comme ça et on voit mal où cela pourrait bien changer. Cette réflexion peut paraître étrange, voire hors sujet, mais il me semble intéressant de faire un bref rappel chronologique de la législation en France :

- 17 mars 1803 : La femme doit obéissance à son mari.
- 18 février 1938 : Suppression du devoir d'obéissance pour la femme mariée.
- 22 septembre 1942 : Association de la femme à la direction de la famille.
- 13 juillet 1965 : Les femmes n'ont plus besoin du consentement de leur mari pour choisir une profession, ouvrir un compte en banque et disposer de leurs propres biens.
- 04 juin 1970 : Suppression de la notion de chef de famille.
- 23 décembre 1985 : Les époux deviennent véritablement égaux au regard de la loi.

Notons au passage que les hommes et les femmes ne sont pas égaux, ce qui en soi n'a aucun sens, mais égaux en droits et en devoirs vis-à-vis de la loi.

Tout ça pour dire que si les États n'avaient pas de chef d'État, il n'y aurait peut-être pas de dictateur.

Admettons qu'à l'heure actuelle on ne puisse pas se passer de dirigeant. Tous les dictateurs sont d'abord passés par l'échelle de la politique, gravissant plus ou moins vite tous les échelons jusqu'à la marche suprême. La plupart du temps, ils y sont arrivés légalement, profitant de crises préalables. C'est à ce moment précis que le peuple doit être le plus vigilant à ce que le pouvoir ainsi délégué ne dépasse pas les limites de la séparation des pouvoirs. Une des premières (mauvaises) actions d'un dictateur est de s'assurer du silence de la justice. Si on comprend qu'un Président ne soit pas justiciable pendant son mandat, il est impératif que la justice soit indépendante et puisse instruire en toute sérénité. C'est cet ultime verrou qui peut empêcher un dirigeant à devenir un tyran. Au-delà, il faut attendre qu'il meure d'une façon ou d'une autre.

Élément déclencheur

En réalité, l'élément déclencheur n'est pas fortuit, il est déjà en germe dans la tête du futur dictateur. Bien des hommes honnêtes se sont vus investis des pleins pouvoirs lors de crises et de situations extraordinaires, avec des hordes ennemies aux frontières sans pour autant devenir des dictateurs.

Le corruption semble être le climat dans lequel un homme sans scrupule dévoilera sa vraie nature. Le proverbe français dit que l'occasion fait le larron, c'est vrai, mais seulement pour les mauvais sujets.

L'environnement est à prendre en compte. Si une mafia est déjà institutionalisée dans un pays, le futur dirigeant risque de se rapprocher d'elle, disons pour rendre les choses plus faciles. Il est alors bien tentant de prendre les rênes et de tout contrôler soi-même, la fuite en avant devenant inexorable, même si non-désirée par lui au départ.

Révisions constitutionnelles

Je ne sais pas dans quelle mesure le Garde des Sceaux et ministre de la Justice pourrait s'opposer à un futur dictateur en France, mais il est indéniable que la Constitution ne pourrait pas être révisée sans son aval. S'il n'est pas corrompu, il n'y a pas de dictateur.

État policier

On parle d'État policier quand un gouvernement exerce le pouvoir de manière autoritaire et arbitraire, par le biais des forces de police, éventuellement avec l'aide des armées.

La liberté d'expression et la liberté de circulation sont limitées voire interdites.

Les moyens employés sont la coercitions, la terreur, la torture, la propagande, le lavage de cerveau, la manipulation mentale, la délation, une surveillance de masse par l'État, le tout sous la menace de forces policières, éventuellement secrètes opérant en dehors des limites du droit.

Par nature, un État policier est répressif et anti-démocratique.

La police jouit d'un pouvoir de fait, de l'impunité et sert davantage le dictateur que l'État.

En plus de créer ou d'utiliser un État policier, un dictateur a toujours soin des recourir aux services de l'armée qui devient pratiquement un auxiliaire de police. Dans une démocratie, l'armée sert de rempart contre toute agression extérieure. Il est toujours possible à un dirigeant de recourir à l'armée, à son personnel et à son matériel pour aider les services publics, dans le cas d'incendie, d'inondation ou de tremblement de terre, par exemple. Mais jamais dans le cadre du maintien de l'ordre. J'ose espérer que jamais un militaire français n'accepterait aujourd'hui d'ouvrir le feu sur un de ses concitoyens. Dans les dictatures, c'est monnaie courante.

Le problème est qu'il devient alors impossible de renverser une dictature qui a dès lors tout loisir d'utiliser tous les moyens de coercitions envers le peuple, qui paradoxalement, est à l'origine des moyens en personnel et en matériel de la police et de l'armée.

Pour empêcher un État policier, il faudrait supprimer, non pas les policiers mais la possibilité de les voir devenir sciemment des tortionnaires.

Les religions

Par le passé, la religion chrétienne, catholique et protestante a donné lieu à de véritables États policiers.

Il est possible que des siècles d'endoctrinement à la foi religieuse ne soit pas étrangère en tant que cause du culte de la personnalité.

À force de croire qu'il existe des hommes ou des choses qui dépassent le commun des mortels, pourquoi ne pas croire qu'un dictateur puisse être meilleur que la plupart de ses concitoyens ?

Dans le temps, au moins en France, le même mot "Seigneur" s'appliquait aussi bien à Jésus-Christ qu'à un noble dirigeant par exemple un comté. Les mots sont le support de la pensée. Comment ne pas assimiler le noble en question à Jésus-Christ quand on s'adresse aux deux de la même façon, avec le même mot : Seigneur ? Comment ne pas reconnaître un côté supérieur à ce comte ? Comment ne pas le laisser devenir un dictateur ou un tyran ?

Attention à ce en quoi on croit. Par exemple, s'il existe un Dieu, je ne crois pas qu'un prêtre soit plus qualifié que moi pour en parler et m'expliquer de quelle façon il faut lui rendre un culte, si d'ailleurs il le faut vraiment. Après tout peut-être que Dieu n'en a strictement rien à faire, tout comme nous ne nous soucions pas de savoir si, par hasard, des fourmis et des papillons venaient à se battre pour savoir comment nous adorer. À moins que Dieu lui-même en ait parlé à ce prêtre. Mais je ne crois pas.

Il semble évident qu'un athée aura plus de mal qu'un croyant à admettre la supériorité d'un dirigeant par rapport à lui.

D'autre part, il semble extraordinaire au yeux d'un Français que les plus démocratiques des pays comme le Royaume Uni ou l'Allemagne admettent encore des religions d'État.

Quid d'un musulman obligé de jurer sur la Bible dans un tribunal américain ?

Semblant de légitimité

Il arrive souvent qu'un dictateur arrive au pouvoir de façon légitime ou apparentée et se transforme ensuite en dictateur : Hitler, Staline, etc.

Élections truquées mais élections quand même

Toujours en quête de légitimité, toutes les dictatures, ou presque, ont recours à des élections, comme les vraies démocraties. À ce sujet, quand un État prend le soin de se prétendre démocratique, c'est qu'il n'en est rien, par exemple, la République Démocratique d'Allemagne. Les occidentaux savaient parfaitement à quoi s'en tenir, mais il est fort à parier qu'en grande partie les Allemands de l'Est y croyaient.

Peu importe qu'elles soient truquées et que ce soit un sujet de moquerie pour le monde libre, surtout en ce qui concerne les chiffres obtenus, tournant autour des 88.48 %, il faut bien faire croire au peuple que tout le monde est d'accord.

Pour autant, il faut que le scrutin soit trucable pour être truqué. À ce sujet, il serait facile pour un gouvernement corrompu de laisser faire un scrutin normal et d'annoncer un tout autre résultat. Après tout il n'y a que celui qui fait le total des résultats de tous les bureaux de vote qui peut savoir. Les autres, les gens du peuple n'ont aucun moyen de faire ce calcul. Mais, non, les dictateurs préfèrent "bourrer" les urnes. Je ne comprends pas vraiment pourquoi se donner tant de mal. Bon. Une thèse est que comme ça, tout le monde est "mouillé" pour avoir participé à une fraude ou complice pour n'avoir rien fait pour l'empêcher. Ce qui diminue d'autant le rôle des dirigeants et affaiblit d'autant tout opposition.

Ce qui est étonnant c'est qu'avec toutes ces fraudes à tous les niveaux, les chiffres n'atteignent pas 500 %, preuve s'il en fallait que personne ne compte les bulletins.

Le système utilisé en France semble relativement sûr. La préfecture du département fournit une liste des inscrits dans chaque ville et village. Dès lors, il ne peut pas y avoir d'autres bulletins que ceux apportés par de vrais électeurs, c'est-à-dire qu'en aucun cas le nombre peut excéder celui de la liste. Bon, c'est vrai, tout le monde ne se déplace pas et des membres du bureau de vote pourraient "voter" à leur place. Ça paraît bien peu probable et serait prendre beaucoup de risques pour un résultat faible malgré tout, sinon nul. Un moyen de pallier cette possibilité de fraude serait de rendre le vote obligatoire. Je préfère croire que le système fonctionne tel qu'il est et ne pas avoir recours à la contrainte. De toute façon, la fraude de quelques bureaux ne changerait strictement rien au niveau national.

Faux procès mais procès quand même

De la même façon, les dictateurs tiennent à ce que leurs opposants passent en procès pour pouvoir les condamner. Sans être parfaitement logique, on peut comprendre que comme ça, ils sont eux-mêmes dédouanés. Ce n'est pas de leur fait, c'est la justice. Surtout si la dictature perdure et que l'histoire est réécrite. Bon, quasiment tout le monde sait que les procès sont truqués, particulièrement les juges et les policiers mais il y aura toujours des gens pour croire que les procès ont été équitables et que les prévenus ont sans doute fait quelque chose de réellement répréhensible. De cette façon, une partie de la population est de bonne foi pour le dictateur contre ses opposants et l'autre partie est complice, c'est-à-dire enchaînée au pouvoir. Entre les opposants émigrés, emprisonnés ou morts et les corrompus personne n'est plus en mesure de se dresser contre le dictateur. À défaut d'être honnête, c'est malin.

Parlement aux ordres mais parlement quand même

Pratiquement dans tous les pays, il existe un parlement.

En principe, un parlement détient le pouvoir législatif, il a parallèlement autorité pour contrôler le pouvoir exécutif entre les mains d'un dirigeant, maintenant une dirigeante dans de plus en plus de pays, ce qui est évidemment une bonne chose.

Mais, souvent, pour diverses raisons qu'il faudra analyser, un parlement accepte de confier les pleins pouvoir à un seul homme et de changer la Constitution à son profit, sachant que la ruine du pays est au bout.

Politique des petits pas.

L'exemple le meilleur est à mon sens le comportement des agents de renseignement. Pour obtenir des informations secrètes, militaires ou politiques, des plans, militaires ou industriels, ces agents commencent par approcher des hommes potentiellement corruptibles. Sans demander d'emblée des choses trop compromettantes, ils font de "petits" cadeaux en échange de "petits" renseignements sans importance, juste comme ça, par exemple pour s'assurer de ci ou ça. Un "petit" service entre gens de bonne compagnie, à charge de revanche. Puis, la demande augmente d'un cran, ainsi que la récompense. À partir de là, l'individu est piégé, il a mis le doigt dans l'engrenage et ne peut plus reculer. C'est un des procédés bien connu de l'espionnage, industriel ou militaire.

Cette méthode, entre autres, est très performante en ce qui concerne les parlementaires. Outre les effets de la corruption permettant à chaque parlementaire de s'enrichir indûment, il est toujours possible de lui demander un "petit" service.

Or, un parlementaire a la mission sacrée de rédiger des lois pour protéger ses concitoyens et assurer leur bonheur. Sinon, l'existence même d'un parlement est un non-sens absolu. Et pourtant, les dictateurs n'en font jamais l'économie.

Partant de là, il appartient à chaque citoyen d'élire des représentants qui leur garantiront la paix et la liberté.

Faux opposants

Jamais à court d'idée et toujours en quête de légalité, les dictateurs ont inventé un concept assez génial.

Ayant éliminé toute opposition et quand même soucieux de paraître angéliques aux yeux du monde, ils créent de faux opposants. Ces derniers n'ont ni chance d'obtenir beaucoup de voix ni désir d'être élu, au point même de recommander de ne pas voter pour eux. De cette façon, les dictateurs peuvent montrer des résultats "presque" démocratiques.

Lois iniques mais lois quand même

Prenons le cas des lois de Nuremberg.
Déjà en février 1920, le Programme en 25 points du Parti national-socialiste des travailleurs allemands proclamait :

-   1. Nous exigeons la constitution d'une Grande Allemagne, réunissant tous les Allemands sur la base du droit des peuples à disposer d'eux-mêmes.
-   2. Nous exigeons l'égalité des droits du peuple allemand au regard des autres nations, l'abrogation des traités de Versailles et de Saint-Germain[1].
-   3. Nous exigeons de la terre et des colonies pour nourrir notre peuple et résorber notre surpopulation.

---

[1] 10 septembre 1919 : Dislocation de la Cisleithanie

- 4. Seuls les citoyens bénéficient des droits civiques. Pour être citoyen, il faut être de sang allemand, la confession importe peu. Aucun Juif ne peut donc être citoyen.
- 5. Les non-citoyens ne peuvent vivre en Allemagne que comme hôtes et doivent se soumettre à la juridiction sur les étrangers.

Je vous ferai grâce du reste.

D'abord, deux remarques :
- Le début semble acceptable et pourrait presque s'appliquer à notre façon de vivre actuelle.
- L'article 4 dit que la confession importe peu et que donc le fait d'être Juif empêche d'être citoyen Allemand. C'est pour le moins un contre-sens. N'importe quel professeur de langue aurait sanctionné un tel texte. Pas eux…

À partir de 1933, rien n'empêche plus les Nazis de mettre leurs sinistres projets à exécution et ils le font. Mais, toujours dans ce souci de pseudo légitimité, ils ont senti le besoin de recourir à une série de lois, comme pour se dédouaner vis-à-vis des générations futures, qui songerait à condamner quelqu'un qui applique la loi ?

Rédigées dans la précipitation sur instruction directe de Hitler, les lois de Nuremberg sont adoptées à l'unanimité par les membres du Reichstag le 15 septembre 1935 :

- Loi sur le drapeau du Reich.
- Loi sur la citoyenneté du Reich.
- Loi sur la protection du sang et de l'honneur allemands.

Tout comme pour le Programme en 25 points de 1920, ces nouvelles lois se heurtent à une absurdité, en l'occurrence l'impossibilité de donner une définition biologique précise de la notion de race. Notion qui peut permettre à un Allemand de vivre librement dans son pays ou de se voir déporté dans un camp.

Néanmoins, cet exemple montre le souci des dictateurs de se retrancher derrière des lois. Lois qui mettront une partie du peuple de leur côté et justifieront plus tard toutes les exactions imaginables.

Élimination de toute opposition

Il est impensable, pour un dictateur, de se voir mis en question. D'où toute une série de crimes. Sans jamais vouloir l'excuser, on voit bien pourquoi et on comprend de même que le dictateur sait pertinemment qu'il est en train de commettre des crimes.

Déplacements de population

Depuis les premiers tsars jusqu'à aujourd'hui, tous les dirigeants Russes ont pratiqué les mouvements de populations.

Plusieurs raisons à cela : conquêtes territoriales, anéantissement des cultures et des langues non russes, épuisement de l'opposition et mise en valeur de nouvelles richesses minières, caution pour l'avenir. Imaginons qu'un dictateur fasse un referendum dans un oblast d'où il a forcé l'évacuation des habitants légitimes pour le peupler de citoyens Russes, le résultat du scrutin est garanti. Le couvert du droit des peuples à disposer d'eux-mêmes devient difficile à combattre autrement que par les armes.

Abus des emprisonnements arbitraires

Dix-huit millions de personnes seraient passées dans l'archipel du Goulag, plus de quatre cents complexes d'internement dont la plupart en zone arctique.
Même dans un pays aussi peuplé que la Russie, ça représente un peu trop de condamnés de droit commun.

Recours au génocide

Le plus étonnant est que c'est fait sans l'ombre d'un remord. Peut-être que les dictateurs réussissent à se convaincre eux-mêmes du bien-fondé de cet acte inhumain. D'un autre côté, ils donnent l'ordre mais ne l'appliquent pas eux-mêmes, la distance permet de commettre des horreurs plus sereinement. Ce qui est moins compréhensible et surtout moins admissible, c'est l'aveuglement des forces armées qui sont au contact direct de cette barbarie. Agir sur ordre n'exclut pas de respecter la morale. Tuer un être humain non armé, même sur ordre, reste un crime passible d'une cour de justice.

Répression politique

C'est l'oppression ou la persécution d'un groupe pour restreindre sa possibilité de participer à la vie politique de la société.

Quel que soit le dictateur, il utilisera toute la palette possible : discrimination, abus de surveillance, violence policière, emprisonnement, inquisition, déportation, suppression des droits civiques, meurtres, exécutions sommaires, torture, disparitions forcée et autre punitions extra-judiciaires de militants, de dissidents ou de la population en général.

La répression politique violente et systématique est une caractéristique type des dictatures et des États totalitaires.

Dans ces régimes, la répression peut être conduite par la police secrète, l'armée et des groupes paramilitaires.

Corruption systématique

C'est le moteur même de la dictature.

Il n'y a pas de petite corruption. À partir du moment où on met le doigt dans l'engrenage, rien n'empêche la corruption d'aller à son terme qui est la ruine d'un pays.

Imaginons un pays où la corruption n'existe pas. Imaginons un douanier qui un jour accepte de l'argent pour fermer les yeux sur un passeport non valide. Les conséquences sont que, d'abord un autre douanier sera tenté de faire pareil, pourquoi pas et de fil en aiguille, tous les douaniers le feront et tous les gens travaillant dans l'administration, puis tout le monde dans le pays. On voit qu'un seul mauvais acte aura entraîné des conséquences incalculables. Tout le pays sera gangrené et tout ce que le pays produira n'aura aucune raison d'être de bonne qualité et rien ne fonctionnera plus correctement dans ce pays. Ce n'est pas seulement le défaut d'un homme, c'est l'idée que chacun se fait des conséquences de ses actes. Puisque tout est possible avec de l'argent, seules les mauvaises personnes parviendront à avoir du succès grâce à l'argent. L'étape suivant est le crime, puisque l'argent suffira à corrompre toute la chaîne de la justice. À la fin, on se retrouvera forcément en dictature. C'est-à-dire un pays corrompu où la justice n'a plus cours et où un homme pourra voler un pays tout entier grâce à la complicité d'une police et d'une armée corrompue et surtout, l'aval de tous les habitants. Le pire est que tout retour en arrière devient difficile, impossible au bout d'un certain temps, le dictateur aura tout verrouillé.

Mensonge systématique

Du mensonge

Les dictateurs commencent toujours par être des menteurs.

La petite histoire dit que le KGB inventait des mensonges auxquels ils finissaient par croire.

Le problème est que les dirigeants de l'URSS dirigeaient leur pays et la politique extérieures à partir des informations données par le KGB.

D'un autre côté, on connaît les mensonges américains ayant débouché sur l'invasion de l'Iraq.

Quand on ment, on est un menteur. Les chiffres des armements soviétiques étaient tellement gonflés qu'on est en droit de se dire que, en dehors de présenter des faits, il est toujours possible de faire des suppositions, particulièrement sur les nombres des victimes annoncés par les dictateurs.

Y a-t-il vraiment eu autant de morts soviétiques pendant la Seconde Guerre Mondiale ? après tout, ce sont des menteurs qui fournissent ces chiffres, à nous, d'abord, pour nous montrer à quel point nous leur sommes redevables, mais surtout aux soviétiques eux-mêmes, pour leur montrer à quel point ils sont braves et à quel point leur vie n'appartient qu'à la glorieuse nation, c'est-à-dire en réalité qu'ils peuvent bien mourir pour la plus grande gloire de leur dictateur qui lui, se garde bien de se mettre en danger.

D'autres chiffres peuvent aussi être minorés. N'y a-t-il pas plus, voire beaucoup plus, de morts et de déportés dans les diverses prisons, camps de déportés, "goulag" et "laogai", que ce que leurs chiffres annoncent ? répétons qu'il s'agit de déportés politiques et non droits communs, auxquels, il est vrai, il faut ajouter des populations complètes comme les ouïghours et autres kazakhs.

Propagande et censure

La propagande telle qu'on y pense, est un mensonge ayant pour but d'introduire de fausses idées dans la tête des gens.

Ça peut être le fait d'une dictature mais c'est aussi le cas des démocraties où l'on voit les médias forcer les idées des gens.

La censure peut, elle aussi être assimilée à un mensonge puis que les médias ne peuvent plus diffuser la vérité.

Surnoms

Les mots sont le support de la pensée. Il est toujours difficile, surtout pour un individu peu instruit et correctement abreuvé de propagande, de se rendre compte que celui qu'il appelle "Seigneur" est en fait un vulgaire criminel.

Quant y réfléchit un peu, un surnom est une sorte de mensonge. S'il est anodin pour les génies de la Renaissance, les artistes, chanteurs, musiciens ou acteurs de cinéma, il n'en est pas de même pour les chefs d'États.

Le surnom d'un dirigeant est un programme politique, il signifie ce que le peuple doit croire :

Adolf Hitler   "Führer"
Mussolini   "Duce"
Ceausescu   "Conducator".
Mobutu   "Léopard du Zaïre"
Saddam Hussein   "Raïs"
Iossif Djougachvili   "Staline"
Josip Broz   "Tito"
Mao Zedong   "le Grand Timonier"

François Duvalier   "Papa Doc"
Jean-Claude Duvalier   "Baby Doc"
Fidel Castro   "Caudillo"
Kim Il-sung   "Grand Dirigeant"
Pol Pot   "Frère numéro un"
Pétain :" Le vainqueur de Verdun".

Tout ça pour prouver au peuple que ce ne sont pas des hommes comme eux, ce ne sont pas tout à fait des hommes mais des surhommes, presque des demi-dieux.

Embrigadement de la jeunesse

La jeunesse a plusieurs atouts pour un dictateur. D'une part, les très jeunes sont faciles à convaincre, ils voient le monde en noir et blanc et n'ont pas le recul nécessaire pour juger sereinement les paroles qu'on leur inculque, d'autant qu'ils ont nécessité d'obéissance envers les adultes, à commencer par leurs parents.

Les jeunes s'enflamment vite pour les idées révolutionnaires, contraires aux idées bourgeoises incarnées par leurs parents et autres "vieux". Comme il sont jeunes, ils croient pouvoir inventer un nouveau monde, plus juste. Après tout, c'est une réaction saine, on ne naît pas "vieux". Sauf que le temps doit permettre la réflexion et le retour à des valeurs plus pacifiques. Le problème avec la dictature, c'est qu'elle empêche ce retour aux idées "bourgeoises".

Le jeunesse, c'est l'avenir du pays et un dictateur qui reste suffisamment longtemps en place verra ses "vieux" opposants naturellement remplacés un jour ou l'autre par de jeunes adultes issus de cette jeunesse qui lui sera éternellement dévouée.

Les deux exemples historiques sont évidemment Adolf Hitler avec les Jeunesses Hitlériennes et Mao avec ses Gardes rouges. Un dictateur n'est jamais à un sacrifice près. Un dictateur plus récent a bien lu ses livres d'histoire, Vladimir Poutine qui est en train de militariser toute la Russie. Ces pauvres jeunes sont aujourd'hui persuadés que la Russie est menacée, ce qui n'est pas vrai, que leur vie en tant qu'individu ne vaut rien, ce qui n'est pas vrai et qu'ils se sacrifieront pour la Russie, ce qui n'est pas vrai mais est le plus gros des mensonges, ils se sacrifieront, c'est vrai, mais pour un criminel, le voleur de leur pays. Mais ça, ce sera dur de leur faire comprendre.

Réécriture de l'histoire.

On dit que l'Histoire est écrite par les vainqueurs, c'est partiellement vrai.

Tant qu'il est en place, un dictateur se sent victorieux, son ennemi étant l'opposition qui n'existe pas ou plus.

Il va rapidement se mettre à réécrire l'Histoire de son pays, à commencer par sa propre biographie. Tant qu'on y est, on n'est jamais mieux servi que par soi-même. La naissance d'un leader de cette valeur doit toujours être glorieuse, voir la dynastie des Kim.

Réécrire l'histoire lui permet bien évidemment de placer son pays dans le rôle de l'attaqué qui doit se défendre contre des ennemis supposés qui voudraient envahir la Mère Patrie et qui justifie les pleins pouvoirs accordés sans limite de temps.

Mensonge en Russie.

Le mensonge était culturel en Union Soviétique et il l'est encore dans la Russie actuelle.

Tout est faux, les chiffres qu'ils fournissent, les cartes de leur pays en vue de gêner une armée d'invasion, les frontières qu'ils reconnaissent, les communiqués de presse, les discours des Présidents. Le pire est qu'ils mentent sachant qu'on sait qu'ils mentent. Pire encore est qu'ils finissent par croire aux mensonges qu'ils inventent. Est-ce que les Tsars, les nobles ou les administrateurs mentaient aux moujiks ? rien dans la littérature ne le laisse penser. Ils ne leur faisaient pas miroiter un monde meilleur quitte à les faire souffrir. C'est là une invention des communistes. Le communisme en soi présentait quelque intérêt, mais pas ceux qui étaient censés le mettre en œuvre.

Aujourd'hui encore, on dit aux jeunes Russes que le fait de mourir pour la Patrie assurera un monde meilleur, mais pour qui ? pour la future génération qui mourra pour la Patrie pour assurer un monde meilleur pour …? Il est étonnant que cette contradiction n'éveille rien dans la tête des gens.

Passivité face à la dictature.

Qui s'accommode de la dictature ?

Les médiocres, les voleurs, les criminels, les incultes, tous ceux qui sont prêts à tout pour tirer profit du travail des autres.

Le calcul est mauvais. À long et même moyen terme, il ne reste plus personne de valeur pour produire un travail de qualité et le pays tout entier s'enfonce dans une misère économique et intellectuelle, sans grand espoir de remonter la pente un jour.

De la crainte du pire

C'est un des leviers les plus puissants. Souvent, le peuple a bien conscience des abus commis par un gouvernement totalitaire et pense à agir pour y mettre fin mais la propagande finit par les persuader que changer de dirigeant ne mènerait qu'à une situation pire.

C'est bien la question du monologue d'Hamlet :

- Y a-t-il plus de noblesse d'âme à subir la fronde et les flèches de la fortune outrageante, ou bien à s'armer contre une mer de douleurs et à l'arrêter par une révolte?

Sans autre éléments de décision, la passivité reste le comportement le plus efficace. Et le dictateur est tranquille.

De la politique des petits pas

On l'a vu dans la plupart des portraits de dictateurs ci-dessus, souvent, ils procèdent par légères réformes. D'abord des pleins pouvoirs limités dans le temps, ensuite, une légère réforme constitutionnelle, quelques emprisonnements "légitimes" avec procès et de jours en jour, le ton se durcit, les exécutions deviennent sommaires, les emprisonnement se font sans jugement et les lois deviennent iniques.

C'est une façon de cuire les grenouilles à l'eau tiède.

La fable nous dit :
- Si l'on plonge directement une grenouille dans de l'eau chaude, elle sort d'un bond, alors que si on la plonge dans de l'eau tiède et qu'on augmente progressivement la température de l'eau, la grenouille s'y habitue et finit bouillie.

Culte de la personnalité.

Il s'agit du culte que vouent les masses à leur dictateur.

Il est aveugle et inébranlable et rappelle la foi des martyrs.

Des prisonniers sortant du Goulag continuaient à adorer Staline.

L'exemple de la Chine est frappant, l'immense portrait de Mao est toujours visible sur la Place Tiananmen alors que les Chinois ne peuvent pas ignorer les millions de morts dont il est responsable.

Caractère des dictateurs

Troubles mentaux

Il ressort de nombreuses études que certains désordres de la personnalité sont partagés par plusieurs dictateurs comme par exemple : Hitler, Staline, Kim Jong-il et Saddam Hussein :

- Sadisme
- Paranoïa
- Comportement anti-social
- Narcissisme
- Mégalomanie
- Trouble schizoïde
- Trouble schizotypique

Forte empreinte symbolique

Souvent, un dictateur se prend pour l'élu, celui en qui la Providence met son espoir pour guider le peuple vers le bonheur. Enfin, une partie du peuple, ceux qui ne sont ni morts, ni emprisonnés, ni violés, ni torturés, ni terrorisés, ni exilés. Pour cela, il faut que le peuple le sache, qu'il est l'élu ou tout au moins, qu'il est légitime. Les grandes manifestations hitlériennes sont un parfait exemple.

Une dictature s'appuie toujours sur une mise en scène. Un peu comme si un auteur écrivait une pièce de théâtre au mépris d'ailleurs de la vie des personnages, qui pour lui n'existent pas vraiment.

Chacun aura vu les célébration Nazi à Nuremberg, avec défilés, flambeaux et discours enflammé par les dignitaires du régime. Comment ne pas adhérer ? Il faut être bien instruit, bien fort mentalement et bien imprudent pour dénoncer la folie d'un tel régime.

Chacun aura vu les statues des chers dirigeants devant lesquelles il faut se prosterner, les photos et portraits naïfs glorifiant les "pères de la nation" à tous les coins de rue, les documentaires et autres spots télé vantant la virilité de tel ou tel "surhomme", les livres d'histoire réécrits en la faveur de tel ou tel génie.

En fait, les gens qui vivent en dictature ont bien de la chance d'être dirigés par ces demi-dieux. On comprend mieux pourquoi ils n'ont qu'une hâte, voir les démocratie rejoindre leur camp. Pour un peu, on se croirait revenu au temps où les conquistadores voulaient imposer l'Inquisition aux peuples du Nouveau Monde pour faire leur bonheur. Je sais, ce serait indélicat de ma part de parler des exactions, vols, meurtres, viols et pillages en tout genre.

Absence de compassion

La compassion est un sentiment par lequel on est porté à ressentir et partager la souffrance d'un autre, même inconnu.

En principe, ce concept est partagé par la très grande majorité des êtres humains, même si c'est à des degrés divers, principalement à cause de l'éloignement physique ou idéologique.

Ce même concept est certainement ce qui différencie les animaux des êtres humains. Un zèbre verra un autre zèbre se faire dévorer par un lion sans intervenir, un prédateur trop vieux pour chasser mourra de faim, alors que chez des êtres humains, tous formeront une équipe pour chasser le lion, alors que les jeunes hommes partageront le produit de leur chasse avec leurs aînés.

Pourtant, certains individus ont un mépris total envers leurs semblables. Les dictateurs, bien sûr, mais aussi tous les criminels qui les aident, soit à accéder au pouvoir, soit à s'y maintenir en commettant les pires exactions. On peut dire qu'ils sont tout aussi responsables. Il faut quand même manquer cruellement de compassion pour exécuter de sang-froid des femmes et des enfants qui ne sont en rien des menaces. La propagande n'excuse pas tout.

D'un autre côté, des soldats comme les SS disaient légitime de supprimer les Juifs parce qu'ils les considéraient inférieurs, mais dans ce cas, pour rester cohérent, c'est-à-dire avoir raison, il faudrait massacrer d'abord toutes les plantes et tous les animaux, à l'époque réputés inférieurs aux êtres humains. En réalité, la propagande ne peut entrer que dans la tête de ceux qui sont déjà convaincus.

Il serait intéressant de comprendre pourquoi on peut perdre cet esprit qui nous porte à aimer notre prochain. La crainte de l'autre, peut-être, de l'étranger, de celui qui apporte la ruine dans un endroit où tout allait bien. C'est vrai que bien des maladies sont venues comme ça, comme par exemple la peste, c'est vrai aussi que les amérindiens n'auraient pas dû faire confiance à la poignée de colons qui demandaient un bout de terre pour installer leur famille. C'est tout aussi vrai qu'il faut aider son prochain et surtout ne pas le considérer inférieur ou insensible. C'est vrai encore, que dans un groupe, chaque étranger finit par s'assimiler et voit le nouvel étranger avec un certain manque de compassion. Comme la propagande entre bien dans la tête des gens, on devrait s'en servir pour leur enseigner la compassion.

Un mépris total du jugement des démocraties étrangères.

Il s'agit, là encore d'une constante chez les dictateurs, leurs frontières les mettent à l'abri.

D'abord de l'intervention des autres pays pour "libérer" leur peuple.

Ensuite, de ce que les autres pays pensent de leurs actions, l'essentiel étant que la propagande fasse comprendre que l'ennemi, c'est l'ensemble des autres pays et pas lui, le dictateur.

Pour aller plus loin, le dictateur a un total mépris du jugement de l'histoire, ce que n'avaient pas les monarques des anciens régimes et ce que n'ont pas non plus les vraies démocraties.

Pour donner un exemple trivial, tout le monde sait que les sportifs soviétiques ont été dopés outre mesure et d'une façon institutionnelle. Il fallait bien renforcer l'idée de la supériorité du communisme sur le capitaliste, quitte à sacrifier une grande partie de la jeunesse. Est-ce qu'ils en présentent un quelconque regret ou même une sorte de honte à postériori ? pas le moins du monde, et en plus, ils continuent, et en plus ils s'étonnent qu'on ne les accepte plus dans les compétitions internationales.

Quand je parlais de crétins, j'étais encore en dessous.

Certitude de l'immunité.

À partir du moment où un homme a du pouvoir sur les autres et la certitude de l'impunité, il est compréhensible qu'il devienne un tyran.

Dictature et pouvoir

Les non-causes de l'apparition d'une dictature sont l'endroit, le temps, la culture, la religion, la démocratie antérieure, la situation économique.

On se rend compte qu'une dictature peut survenir sans beaucoup de signes avant-coureurs, un peu comme les volcans qui ravagent les territoires et les populations à n'importe quel moment à n'importe quel endroit, malgré tous les efforts des scientifiques.

Un homme ou une femme peut parfaitement détenir beaucoup de pouvoir, y compris celui de déclarer des guerres, sans pour autant être un dictateur. Une élection honnête, un mandat limité dans le temps, un rejet de la corruption, l'absence d'enrichissement personnel, l'autonomie du pouvoir judiciaire, la présence d'un réel contre-pouvoir et la liberté de la presse, voilà quelques détails qui font toute la différence et le bonheur du peuple qui accepte de laisser autant de pouvoir à une seule personne, voire, un petit groupe de personnes.

On peut aussi trouver des exemple, dans l'histoire, d'hommes ayant détenu un pouvoir quasi absolu sans être des dictateurs.

Le plus grand roi de France, Louis XIV, le Roi Soleil (le surnom lui a été donné après sa mort) était sans conteste un roi absolu de droit divin. Il considérait que le pays lui appartenait, personnellement, de plein droit. Pour autant il ne méprisait pas la vie de ses sujets dont il était le gardien, il ne versait pas dans la propagande, n'interdisait pas une certaine opposition, n'emprisonnait pas des milliers de gens et n'avait pas recours au meurtre pour raisons personnelles. D'ailleurs, le Parlement de Paris avait le pouvoir de valider ou d'invalider certaines des décisions du roi.

Un aspect non négligeable d'un pouvoir absolu est la possibilité de réécrire l'histoire, particulièrement des évènements concernant le pays, des biographies et des constitutions, soit pour un profit direct, soit pour justifier les actes des prédécesseurs dont le dictateur se réclame, soit pour intensifier une menace ou prétendue menace venant des pays étrangers et qui justifie l'attribution des pleins pouvoirs, habits nécessaires du sauveur de la patrie.

Une des caractéristiques d'un pouvoir dictatorial est l'existence d'un triptyque : héros, victime, traître. Par exemple lors d'un attentat sur le sol Russe, il y a des victimes. Elles sont abondamment montrées par les médias comme les victimes d'un lâche attentat venu d'un pays ennemi. De toute façon, il n'y a que des pays ennemis. Ceux qui ont perpétré l'attentat et ceux qui en sont des complices de l'intérieur sont désignés comme traîtres, vite arrêtés et abondamment montrés dans les médias. Les forces de l'ordre et ceux qui ont aidé à leur arrestation, principalement les Services Secrets et les Polices Secrètes, sont désignés comme étant des héros prêts à sacrifier leur vie pour la "Grande" Russie. Tous ceux qui regardent les médias ne peuvent s'assimiler qu'à une seule catégorie, les héros, prêts à donner leur vie quand le Chef, le dictateur, leur dira de le faire sans poser de questions. De toute façon, ils seront des héros et leur famille sera fière d'eux et de les avoir vus mourir pour le dictateur, pardon, pour la patrie. De leur côté, les traîtres, ceux qui ont été arrêtés seront emprisonnés, torturés et pour finir, proprement assassinés. Il est très possible qu'une bonne partie n'aient rien fait ou même n'étaient pas sur les lieux. Pas grave, le peuple est satisfait de son Chef qui a fait diligence pour obtenir leur arrestation. Après ça, il y a ceux qui savent que l'attentat est l'œuvre des Services Secrets eux-mêmes. Chaque membre de cette organisation sait être un criminel ou un complice de crime, mais on a réussi à le persuader que c'était nécessaire pour la grandeur de la Russie. Pas grave, ses amis des Services Secrets et ceux qui sont morts pour rien sont maintenant des héros.

Effets de la Dictature

Pertes humaines dues aux dictateurs

On ne peut pas s'empêcher de penser que les dictateurs participent à une espèce de compétition à qui tuera le plus de personnes possible dans son propre pays et accessoirement dans d'autres pays

Palmarès :
Mao   80 000 000
Hitler   60 000 000
Staline   20 000 000
Pol Pot   1 500 000 (20% de la population)

Pertes monétaires dues aux dictateurs

On ne peut pas s'empêcher de penser que les dictateurs participent à une espèce de compétition à qui volera le plus d'argent possible dans les caisses de son propre pays.

Poutine   40 à 200 milliards de $
Pinochet   27 000 000 $
Marcos   10 000 000 $

Mais ce n'est pas seulement une question d'argent. Il s'agit en réalité d'un vol du futur du pays et de la mise en place d'une tache indélébile dans les futurs livres d'histoire.

Parce que, si les dictateurs peuvent réécrire l'Histoire dans leur pays, ils ne peuvent pas le faire dans le nôtre et tant qu'il y aura un monde libre, les générations futures connaîtront les crimes perpétrés par tous les dictateurs du monde.

Il faut bien se rendre compte que tout l'argent ainsi détourné ne participe pas au produit intérieur du pays. En d'autres termes, quand un dictateur achète une Rolls Royce, une montre suisse, du parfum français, des habits italiens ou un domaine sur la Côte d'Azur, quand il envoie ses enfants faires des études aux États-Unis, tout l'argent nécessaire est définitivement perdu pour son propre pays, au frais des contribuables, déjà particulièrement pauvres. Maintenant, s'il réinjectait l'argent volé dans son propre pays, ce ne serait peut-être plus vraiment un dictateur.

Malgré ça, il faut aussi comprendre que les dictateurs volent leur pays tout entier. Ça ne signifie pas qu'ils volent de l'argent appartenant à leur pays, ça signifie qu'ils volent le pays lui-même. Le pays devient leur butin. Ils s'en estiment seuls propriétaires. Alors, c'est vrai que des millions voire des milliards de dollars sont ainsi détournés, mais ce n'est que la partie émergée de l'iceberg, en réalité, les dictateurs ont volé tout l'iceberg.

Il faut absolument ajouter à ça que, comme ce sont des voleurs, malins, mais surtout malins pour voler, ce ne sont pas des gestionnaires et comme ils n'ont pas de compassion, ils entraînent leur pays à la ruine, moitié parce qu'ils ne savent pas gérer les affaires d'un pays, moitié parce qu'ils s'en moquent éperdument. Ceux qui sont ses complices sont cohérents, ce sont des criminels eux aussi, mais ceux qui croient bêtement soutenir un régime nécessaire en se sacrifiant pour telle ou telle raison sont quand même bien de pauvres crétins, mais j'espère me tromper.

Mise au ban de la société.

Il est assez remarquable, quand on relit un livre d'histoire, de voir qu'un pays agresseur peut continuer à participer au concert des Nations une fois la paix revenue après la chute de cette Nation.
Par exemple, la France n'a pas été mise au ban de l'Humanité après la défaite de Napoléon I. C'était peut-être par intérêt économique mais il devait bien y avoir une part de compassion.

En 1945, L'Allemagne ainsi que le Japon ont été démilitarisés mais ont continué à avoir des relations normales avec les autres nations.

Il n'est pas certain que la Russie connaisse le même sort. Une des raisons est sans doute que la Russie essaye systématiquement de détruire la démocratie depuis plus de cent ans, d'abord d'une façon insidieuse et presque louable, comme en étaient persuadés les communistes de bonne foi, mais en usant de toutes les malveillances possibles vis-à-vis des démocraties occidentales depuis la fin de la IIème guerre mondiale et maintenant, alors que le communisme a montré ses limites, dans un but moins avouable. Il est toujours très difficile de ne pas persévérer dans l'erreur quand on comprend s'être trompé, ce serait un aveu de faiblesse, alors, à quel moment faire machine arrière ? Souvent les menteurs continuent à mentir alors qu'ils savent être démasqués.

De l'effet des purges

Une fois les élites éliminées, tuées ou emprisonnées ou exilées, ne restent plus que des criminels et des crétins et le pays s'appauvrit. Un dirigeant honnête serait mortifié de cet état de fait, mais tout ça fait l'affaire des dictateurs, il ne reste que des gens acquis à leur cause ou soumis à leur violence. Beaucoup de dictateurs finalement mis en accusation ont dû se reprocher de n'avoir pas assez purgé et ceux morts dans leur lit ont dû se féliciter d'avoir bien fait.

De la présence des frontières

Depuis la fin des chasseurs-cueilleurs et l'établissement des cités-États, les hommes ont établi des frontières entre eux et leurs voisins.

Quand on pense aux frontières, légales et universellement acceptées d'un pays comme la France, on ne trouve rien à y redire. La France est un état souverain, membre de l'ONU, qui tient à ses lois et à ses frontières. Les armées de la France sont d'ailleurs là, principalement pour garantir nos frontières, c'est-à-dire en réalité, nos lois. Autrement dit, c'est bien.

Si on considère maintenant un autre pays, disons le Viêt-Nam, force est de constater que c'est aussi un état souverain, membre de l'ONU, dont les armées protègent les frontières.

Deux situations identiques donc.

Maintenant, si on considère l'Apartheid qui existait en Afrique du Sud, que nous disent les livres ?

L'apartheid, mot afrikaans signifiant : "séparation, mise à part", était une politique de "développement séparé" affectant, selon des critères raciaux ou ethniques, les populations d'Afrique du Sud concernées dans des zones géographiques déterminées.

La politique d'apartheid fut le "résultat de l'anxiété historique des Afrikaners obsédés par la peur d'être engloutis par la masse des peuples noirs environnants".

Pour que tout soit bien clair, le mot "ethnie" se définit ainsi : "Ensemble de personnes que rapprochent un certain nombre de caractères de civilisation, notamment la langue et la culture".

Personnellement, j'estime que depuis la disparition de l'Homme de Néandertal il ne reste plus qu'une seule race d'homme sur terre, nous. Quelle que soit la couleur de notre peau, de nos yeux ou de nos cheveux. L'introduction d'une notion de race est un pur non-sens. Il semble malgré tout assez normal de condamner l'apartheid.

Revenons à la notion de frontière. Donc en résumé, les Afrikaners ont mis une frontière entre leur propre groupe ethnique et les autres groupes ethniques autochtones par peur d'être phagocytés par une population en nombre supérieur.

Maintenant, à quoi sert la frontière entre le Viêt Nam et la Chine ?

De la présence des frontières en bien

Les frontières ont ça de bien qu'elles nous permettent de conserver nos lois telles que nous les avons établies. Elles nous conviennent et nous voyons toujours les lois des autres avec méfiance si ce n'est avec mépris. C'est vrai, les français sont chauvins et persuadés d'être dans le vrai.

D'un autre côté de la frontière, les gens disent exactement la même chose. Par exemple, les Wallons, Belges francophiles et francophones, tiennent aux lois qui les régissent et ne veulent certainement pas voir la frontière disparaître entre la France et la Belgique.

Mais les Belges et les Français sont des nations amies. Qu'en est-il quand il s'agit de nations en mauvais termes ? Par exemple, la Pologne et l'Allemagne en 1939. La frontière entre ces deux pays était la seule garantie pour les Polonais de ne pas voir appliquer les lois allemandes chez eux. L'Histoire a malheureusement montré que les frontières sont parfois vulnérables. Mais enfin, ce sont les remparts qui nous protègent tant que nous avons les moyens de les garantir.

De la présence des frontières en mal

Malheureusement, toute médaille a son revers. Bien à l'abri derrière leurs frontières, les Nazi ont eu tout loisir de réarmer l'Allemagne, de préparer la conquête de l'Europe et les pires exactions que l'Humanité ait connues. Sans frontières en Europe, rien n'aurait été possible.

Les frontières de certains pays dont les dirigeants sont des dictateurs aujourd'hui même les prémunissent de la justice des autres et leur permettent d'asservir des populations entières, enfreignant les droits les plus élémentaires des êtres humains et garantissant l'impunité de leurs crimes, au moins tant qu'une révolte intérieure n'y met pas fin.

Dans ce cas, l'existence de frontières est une malédiction.

Pour autant, l'abolition des frontières aurait pour conséquence la fusion de tous les États en un seul. Faudrait-il qu'il n'y ait qu'un seul État ?

Chacun répondra : "oui, mais avec les lois de mon pays". On voit d'ailleurs la difficulté des Européens pour harmoniser des choses simples comme par exemple les salaires et les prélèvement obligatoires.

Fascisme

Un mot pour dire que toutes les dictatures portent en elles ses principes, bien que la plupart disent lutter contre.

Le fascisme est un système politique autoritaire qui associe populisme, nationalisme et totalitarisme, au nom d'un idéal collectif suprême.

Il s'oppose à l'individualisme, à la démocratie parlementaire et au libéralisme traditionnel.

Il remet en cause l'individualisme conçu par le siècle des Lumières, repoussant l'idéologie démocratique au nom de la masse incarnée dans un chef providentiel dont l'autorité ne saurait être remise en question.

Il embrigade les groupes sociaux, jeunesse, milices et justifie la violence d'État menée contre les opposants, assimilés à des ennemis intérieurs, l'unité de la nation devant dépasser et résoudre les antagonismes des classes sociales dans un parti unique.

Il rejette la notion d'égalité au nom d'un ordre hiérarchique naturel.

Il définit un "homme nouveau", un idéal de pureté nationale et raciale qui nourrit en particulier l'antisémitisme, l'homophobie, l'exclusion des personnes atteintes d'un handicap et exalte les corps régénérés ainsi que les vertus de la terre, du sang et de la tradition.

Il affirme une hiérarchie entre les "peuples forts" et les "peuples faibles" qui doivent être soumis.

Il exalte la force et s'appuie sur les valeurs traditionnelles de la masculinité, reléguant les femmes dans un rôle maternel.

Il célèbre les vertus guerrières en développant une esthétique héroïque et grandiose.

C'est tout à fait la description de l'Empire Romain. C'est aussi le germe de ce qui y a mis fin.

En fait c'est exactement la description des dictatures communistes et la description des dictatures anti-communistes.

Résumé

En résumé, comment naît une dictature ? car, c'est bien là la question. Si on pouvait la prévoir, on pourrait l'éviter ou du moins, amoindrir ses conséquences.

- D'abord, il existe une situation difficile dans un pays, chaotique ou insupportable.[2]
- Un homme, souvent extrémiste, nationaliste et démagogue, considéré comme providentiel par les autres, accède au pouvoir en proposant de sortir son pays des troubles, un homme qui dit avoir une vision du futur.
- Souvent, il met en avant une idée simple, soit la faute d'un autre dirigeant avant lui, soit une simple théorie.
- Contrairement à la majorité des dirigeants, il ne veut en aucune façon à faire le bonheur de ses concitoyens mais cherche un enrichissement personnel. Pour y parvenir, il n'y a qu'un seul moyen, le vol dans les caisses de l'État.
- De là, un engrenage impitoyable se met en place. Il lui faut impérativement rester au pouvoir, seule garantie de n'être pas jugé et

---

[2] Par exemple, la situation de l'Allemagne en 1930.

puni[3]. Pour cela, il utilise la corruption, d'autant plus facilement qu'elle préexiste dans le pays.

- C'est le point charnière, le moment où on pourrait encore inverser le processus.[4]
- Une fois le parlement, la police et l'armée corrompues, il procède à une révision constitutionnelle.
- Il s'agit ensuite de museler toute contestation, trois leviers sont à sa disposition : la propagande, un semblant de légitimité et la terreur.
- D'abord la propagande, elle a surtout pour fonction de faire croire au peuple que son nouveau leader est le meilleur choix face à l'adversité.[5]
- Ensuite, un semblant de légitimité étouffe dans l'œuf toute contestation puisque tout semble fait dans les règles, constitution, élection, procès.
- Enfin la terreur s'installe. Les purges éliminent définitivement toute opposition, la prison, les camps et la déportation maintiennent le silence.

---

[3] Y compris pour masquer son incapacité à diriger le pays.

[4] C'est là que le scrutin peut encore être utile.

[5] La propagande va marteler sans cesse une idée simple et démagogique, empêchant les autres idées d'exister et de se développer. C'est un peu ce à quoi on assiste dans les églises, tant qu'on chante, on ne pense à rien.

- Éventuellement, l'émigration des élites laisse la place à une population de plus en plus servile. Le dictateur se moque éperdument d'appauvrir son pays, financièrement, intellectuellement et en matière d'image à l'étranger, il a ce qu'il voulait, le pouvoir et l'argent qui va avec.
- Finalement, la ruine s'étend sur le pays, ainsi que les pays voisins.

Comment s'en protéger chez soi

L'énumération de ces criminels n'aurait guère de sens s'il ne s'agissait que de les regarder comme des animaux dans un zoo. Ce qu'il faut, soit dans des pays libres soit dans des dictatures si les plus jeunes se posent des questions, c'est que chacun de nous lutte avec ferveur et intelligence contre ce fléau de l'humanité.

D'abord réfléchir

Ouvrir un livre d'histoire.

Il existe des centaines de livres, d'ouvrages et de documentaires sur la dictature et les dictatures, leur simple énumération dépasserait les limites d'un seul volume.

Chacun doit absolument en lire et en regarder quelques-uns pour développer son esprit critique à l'endroit du pouvoir.

Fidel Castro prônait la Révolution Permanente, c'était une erreur, ce qu'il faut, c'est une critique permanente, particulièrement une autocritique quand on arrive soi-même au pouvoir. Robespierre ou Lénine auraient bien dû voir que ce qu'ils avaient généré étaient pire qu'avant.

Se demander si on a envie d'agir pour défendre la démocratie.

Accepter de ne pas utiliser la corruption vis-à-vis de nos concitoyens, au risque de ne pas obtenir ce à quoi on n'a pas droit.

Sinon :
- Soit on fait partie des criminels.
- Soit on est purgé, emprisonné ou exécuté avec un faux procès.
- Soit on fait partie des crétins.

De l'éducation des jeunes enfants

Quand un enfant est grand, c'est plus ou moins la société qui le forme et l'éduque pour en faire une femme ou un homme adulte.

Mais tant qu'il est petit c'est à sa mère, plus que son père, qu'il appartient d'en faire une "grande" fille ou un "grand" garçon. C'est exactement à ce moment que sa mère évite d'être fière de son garçon s'il est turbulent, s'il a un caractère difficile ou s'il fait des bêtises. Sous prétexte qu'il saura se défendre étant grand, on laisse ce garçon croire que tout lui est permis. Évidemment, tous ces garçons ne deviendront pas des dictateurs mais tous les dictateurs se conduiront de cette façon, tout leur semble permis, personne ne peut leur dire "non" et il ne se donnent aucune limite. La vie n'est pas une lutte permanente où il est nécessaire d'être nuisible mais pour ça, il faut l'avoir appris tout petit.

Scrutin

La première des choses à faire est de ne pas négliger les bureaux de vote est d'élire des représentants au programme honnête.

Si les allemands avaient bien voulu se déplacer et voter pour des candidats aux programmes honnêtes, c'est-à-dire pas ce qu'il y avait dans Mein Kampf, Hitler n'aurait eu aucun moyen d'accéder légalement à la Chancellerie et de devenir le dictateur qu'on connaît.

N'oublions pas qu'un dictateur a toujours besoin d'un départ légal sinon légitime. Il est difficile de devenir dictateur du jour au lendemain sans un minimum de reconnaissance politique.

Une constante assez générale est qu'un homme s'est présenté un jour comme étant le seul à pouvoir sauver le pays des périls qui guettent le pays, quite à prendre temporairement les pleins pouvoirs. Jamais un tel homme ne doit recevoir l'aval des électeurs.

Le discours d'un candidat à un poste de pouvoir peut être assimilé à de la propagande. Il est facile de voir s'il est extrémiste, nationaliste, démagogue ou violent dans ses propos. Dans ce cas, même s'il semble défendre des idées auxquelles on adhère soi-même, il faut surtout ne pas voter pour lui.

C'est un leurre, un piège, un ver de terre au bout d'un hameçon, un fromage sur une tapette à souris. Sitôt en place, ce piège se refermera sur les électeurs qui ne s'apercevront même pas de la supercherie. Tout ça pour finir dans le sang, la misère et les larmes. Celles du peuple, pas celle du dictateur.

Situation préalable

Le premier devoir d'un chef d'État, c'est-à-dire dans une vraie démocratie, est de faire en sorte qu'après lui, les conditions de son pays ne nécessitent pas la venue d'un sauveur providentiel, c'est-à-dire d'un loup qui trouverait là le moyen de s'introduire dans la bergerie.

Étouffer le serpent dans l'œuf.

Reconnaître un futur dictateur
Bien sûr, il ne peut se révéler en tant que tel que dès lors que les conditions sont réunies, mais certains traits de caractère préexistent forcément. On ne peut évidemment pas punir un homme avant qu'il ait commis une mauvaise action mais, on doit pouvoir s'en prémunir. Un exemple est le code de la route où tout est fait pour éviter les mauvais conducteurs. Après, il faudrait éviter que les forces de l'ordre tombent aux mains des mauvais conducteurs.

Menteur

Les discours d'un futur dictateur sont toujours un tissu de mensonges. Il dit ce que le peuple veut entendre, se parant comme ça de la légitimité issue de la volonté du peuple, mais en réalité il sait déjà qu'il en profitera pour détourner les richesses du pays à son seul profit. Les mensonges ont ça de reconnaissable qu'ils simplifient toujours les situations. Il suffit de s'en détourner quand on entend de tels propos.

Manque de compassion

Il est évident qu'un criminel ne perd pas son sens de la compassion un beau matin, non, il n'en a jamais eu. Maintenant, tous ceux qui manquent de compassion pour leurs semblables ne deviennent pas forcément des criminels. Ou alors, si.

Démagogie

Les discours d'un futur dictateur sont toujours un tissu de démagogie. Il dit ce que le peuple veut entendre, sachant pertinemment que ses promesses ne seront pas tenues parce que pas tenables. Si on organisait un referendum pour savoir si les gens veulent continuer à payer des impôts, il est certain qu'ils répondraient massivement "non". Il se trouve que les gens voulant accéder au pouvoir à leur seul profit tiennent toujours un discours démagogique. Ceux qui veulent seulement servir leur pays sans autre but personnel ne tiennent jamais de discours démagogique.

Churchill était un véritable serviteur du Royaume Uni mais certes pas un démagogue :
- "I have nothing to offer but blood, toil, tears and sweat"
- "Je n'ai rien d'autre à offrir que du sang, du labeur, des larmes et de la sueur".

Les démagogues ont ça de reconnaissable qu'ils font toujours des promesses à l'évidence pas tenables. Il suffit de s'en détourner quand on entend de tels propos.

Extrémisme

Les discours d'un futur dictateur sont toujours frappés d'extrémisme. Il est vrai que les foules n'ont souvent rien à faire d'un discours sensé, mesuré, empreint de sagesse et de compassion. Les exemples sont malheureusement tellement nombreux, la foule attend quelque chose de simple, qu'elle puisse comprendre et qu'on lui répétera des milliers de fois. L'analyse des discours d'Adolf Hitler en est le meilleur exemple. Ils sont complètement creux, pratiquement vides de sens. On peut imaginer que les gens applaudissaient plutôt l'orateur sans se soucier le moins du monde de la valeur de ses explications.

Les futurs dictateurs ont ça de reconnaissable qu'ils font toujours des discours extrémistes. Il suffit de s'en détourner quand on entend de tels propos.

Orateur

L'exemple d'Hitler est là pour nous le prouver, souvent un dictateur est un bon orateur. L'inverse n'est pas forcément vrai.

Est-ce qu'il faudrait alors choisir un candidat qui soit un piètre tribun ? je serais tenté de répondre par l'affirmative. Quitte à confier le volant d'un autobus à un chauffeur, autant choisir celui qui a le permis que celui qui parle bien. D'un autre côté, il n'y a pas de permis de conduire un État. C'est sans doute aussi bien. La vie est un paradoxe permanent.

On voit parfois, en ville, une série de panneaux publicitaires, disons trois ou quatre, côte à côte, sur lesquels ont été collées quatre fois la même affiche. Ça semble une dépense inutile, une seule suffirait, mais il s'agit en réalité d'une démarche d'"occupation de la fréquence". Aucune autre marque ne peut détourner l'attention de celui qui regarde ces quatre panneaux. Les dictateurs font de même avec deux résultats. D'abord, tant qu'ils parlent, personne d'autre ne le fait, c'est une façon habile de museler l'opposition, ne pas lui laisser la parole. De cette façon un dictateur est en permanence présent dans les médias. À force de le voir et de l'entendre, surtout s'il prend soin de dire quelques vérités, on a l'impression qu'il n'y a que lui, qu'il n'y a personne d'autre. Chaque jour, il y va de son discours, de son inauguration, de sa revue des troupes ou tout autre motif d'entrer dans le logement des gens et dans leur tête. Un autre effet est ce qu'on pourrait appeler l'attrait des séries télé. Tout comme certains personnages du feuilleton qu'on ne manquerait sous aucun prétexte, il fait partie de la famille, on vit avec lui ses aventures et de jour en jour on est impatient de le voir et de l'entendre. Il en va de même avec un dictateur. Tout d'un coup, il devient une partie de notre vie. On en discute au travail, à table, entre amis. C'est un fait, il est là. Impossible de s'en séparer, alors, on le garde.

Pays sans dictature

On trouve quand même et c'est heureux, des pays n'ayant jamais connu de dictature et il semble aussi intéressant de les analyser que d'analyser les dictatures ayant existé de par le monde.

États-Unis d'Amérique
Canada
Australie
Scandinavie
Inde

Entre les trois premiers, on constate de nombreuses similitudes culturelles, linguistiques et religieuse ainsi qu'un peuplement tardif.

On constate malgré tout une grande différence entre le Canada et les États-Unis dans plusieurs domaines :
Armes en vente libre ou pas.
Criminalité importante ou pas.
Justice différente.
Notion de guide différente.

Vu de France, peu importe ses diplômes ou ses compétences, le Président américain se rapproche du guide qui menait les convois à travers les vastes plaines. Le guide, c'est celui qui dit connaître le chemin et tout le monde le suit. Là encore, dans une telle entreprise, il aurait été pour le moins suicidaire de ne pas l'écouter.

Par contre, en Europe, on aime que le guide soit le plus instruit possible. Bon, c'est vrai que tous ne savent pas vraiment où ils vont, mais le prochain, peut-être…

En cela, un candidat à la présidence américaine est souvent un orateur démagogue, mais jamais, il n'outrepasse les limites. Citons quand même le cas de Franklin Delano Roosevelt qui fut élu quatre fois malgré le souhait des tout premiers présidents américains de limiter ce nombre à deux, justement pour éviter une dérive vers un pouvoir monarchique. Les Américains se sont toujours méfiés d'un pouvoir central trop intrusif dans leur vie, c'est d'ailleurs l'origine de la guerre de Sécession.

Mais la Scandinavie et l'Inde se situent tout à fait en dehors de cette culture, donc, la conservation de la démocratie ne vient pas de là.

Il est patent que les hommes sont partout les mêmes, on pourrait donc craindre que les pays n'ayant pas connu de dictature sont en fait des pays n'ayant pas encore connu de dictature.

Engrenage

Toujours dans le but de ne pas tomber en dictature ou plutôt d'en sortir le plus tôt possible, il faut à nouveau consulter l'avocat du diable.

On l'a vu, un dictateur est souvent un homme qui accède au pouvoir légalement et qui, de compromission en compromission devient un tyran. Passé un certain cap, il se voit condamné à une fuite en avant que lui-même n'avait peut-être pas anticipée.

Prenons un exemple. Tant qu'à faire, un des pires : Adolf Hitler.

Au début de son ascension, il a tout misé sur la haine des Juifs qu'il tenait pour responsables de la défaite de l'armée allemande en 1918. Il est évident qu'il avait tort, mais, en tant qu'avocat, il faut nous souvenir que, d'une part, en ce temps-là, beaucoup de gens étaient antisémites et ce depuis plusieurs siècles, plutôt par principe et pour suivre le troupeau. D'autre part, l'armée Allemande qui occupait un quart de la France s'est quand même sentie flouée, sinon trahie quand le pouvoir civil allemand lui a dit qu'elle avait perdu la guerre. De là à mélanger pouvoir civil et banque juive, la propagande était facile à mettre en œuvre. C'est d'ailleurs la thèse officielle mise en avant par Paul von Hindenburg, héros militaire et mythe de la nation, celui-là même qui a porté Hitler au pouvoir.
Donc, depuis le début de sa carrière politique, Hitler a tout misé sur l'antisémitisme. Il y croyait sans doute lui-même. Après tout, tout ce qu'il disait était que certaines races sont inférieures et qu'elles n'avaient pas droit de cité sur le territoire allemand où ne devaient rester que des blonds aux yeux bleus, on oubliera le paradoxe, un espace vital où les Juifs seraient absents. Peut-être, l'avocat du diable suppose, peut-être qu'à ce moment-là, il ne s'agissait de rien de plus. Au bout d'un moment, poussé par son propre personnage et les criminels qu'il a mis au pouvoir à ses côtés, il devient nécessaire d'accomplir sa

"mission", faute de quoi il serait désavoué. Entre 1933 et 1939, plus de la moitié des 500 000 juifs d'Allemagne ont fui le pays, mais il en reste encore. Les Nazis ont bien tenté une solution "pacifique", forcer les Juifs à émigrer, vers la Palestine, vers d'autres pays d'Europe ou vers les États-Unis mais tous ont au moins limité leur quota d'immigration. La spirale infernale se termine par les camps de concentration et l'effroyable catastrophe de la Shoah. L'avocat du diable, toujours lui, mettra en avant qu'Hitler n'avait pas prévu ça au début de sa carrière politique, encore moins quand il envisageait une carrière de peintre. Il est fort à parier qu'il n'aurait même pas pu dire combien il y avait de Juifs en Allemagne pendant qu'il se cherchait un avenir.

Il n'est évidemment pas question de dédouaner Hitler et les Nazis, ils pouvaient arrêter ça à tout moment, ni de trouver d'autres responsables. Il est question de se dire que, peut-être, les gens du peuple allemand auraient pu proposer aux Nazis de quitter le pouvoir en bénéficiant d'une sorte d'amnistie. Les dirigeants des pays étrangers, ayant quoi qu'on en dise une parfaite connaissance de ce qui se passait en Allemagne auraient peut-être pu aider le peuple allemand à prendre conscience de ce qui se passait et les aider à changer le pouvoir en place en Allemagne avant qu'il soit trop tard. Avant qu'il devienne impossible de se sortir de l'engrenage.

Un exemple simple serait un cambrioleur qui s'introduit illégalement dans une maison pour y dérober quelque objet de valeur. À ce moment de l'histoire, il n'a pas d'autre but. Malheureusement, le propriétaire le découvre et voit son visage. Le cambrioleur, qui est idiot par définition, estime ne plus avoir d'autre choix que le meurtre pour éviter d'aller en prison pour vol, du fait que le propriétaire peut le reconnaître et le confondre. Ça peut paraître étrange, mais ça s'est passé comme ça bien des fois. Peut-être qu'on pourrait expliquer aux enfants qu'on ne doit pas faire une grosse bêtise pour en cacher une petite.

Un dernier mot, pour terminer cette plaidoirie, peut-être que certains dictateurs sont arrivés avec en tête l'amélioration du sort de leurs concitoyens, je pense à Lénine face à l'absolutisme du Tsar. C'est là que les bons et les mauvais divergent. Il faut aussi reconnaître que la Russie n'a jamais connu de véritable démocratie avec débat contradictoire et dirigeant qui laisse sa place à son opposant sans faire obstruction quand des élections honnêtes l'exigent.

J'ai fait parler l'avocat du diable, parce qu'après tout, c'est bien de cela qu'il s'agit.

Honnêteté

La présence même de la police et de l'appareil judiciaire partout dans le monde jette un doute sur l'honnêteté des gens en général. Il est bien possible que l'être humain soit honnête plutôt par force et par crainte des représailles, c'est-à-dire plutôt par calcul que d'une manière intrinsèque et désintéressée. Bien sûr, l'éducation est là surtout pour montrer qu'il est préférable d'être honnête mais nous avons tous tendance à penser d'abord à nous plutôt qu'aux autres, exception faite, peut-être en ce qui concerne nos propres enfants. C'est là un comportement propre au vivant. Il existe un théorie expliquant que les arbres dépensent une énergie considérable pour fabriquer des troncs plus hauts que ceux des autres arbres pour pouvoir capter plus de lumière alors que si tous se mettaient d'accord pour ne pas essayer de dépasser les autres, il leur suffirait d'un tronc beaucoup plus petit ce qui économiserait beaucoup d'énergie à chacun avec un résultat meilleur pour chacun et pour l'ensemble. La raison pour laquelle ça ne fonctionne pas, est que le moindre déséquilibre ramènerait la situation précédente. Nous ne sommes pas plus malins mais on sait bien que dès que ce sera possible, un de nos voisins voudra prendre l'ascendant sur nous et qu'il nous faut nous prémunir contre cet état de fait futur. Le fait que chaque pays possède une armée en est l'exemple le plus flagrant. Nous sommes tous des dictateurs en puissance, en attente d'un déséquilibre favorable.

Nota Bene

Petite note à l'attention de celles et ceux qui auraient dans l'idée d'aider un homme politique ou un militaire, bon orateur, extrémiste et démagogue à devenir un dictateur. Une des premières choses qu'il fera, sera sûrement une purge à l'intérieur de son propre parti, de sa propre équipe, de ses propres amis et même de sa propre famille. D'abord parce qu'un dictateur est paranoïaque et n'a jamais d'entourage sûr, à son idée, ensuite pour ne pas partager le gâteau, qui est bien le but de son accession au pouvoir et enfin parce que son entourage sait trop de choses, compromettantes ou déstabilisantes et un petit peu aussi pour supprimer toute idée d'opposition dans son entourage et en dehors. Pour ceux qui ne seraient pas convaincus, la chose porte même un nom : "La nuit des longs couteaux". C'est sûr qu'après ça, personne ne lève le nez. Les Kim et les Staline & Co l'ont fait plusieurs fois de suite. Bien sûr, on tend vers une nation de crétins, mais à l'image du chef. Ce ne sera pas un problème pour ceux qui l'auront aidé à devenir dictateur, ils ne seront plus là.

Mécontentement

Le point capital pour éviter une dictature est, non pas la pauvreté des gens du peuple, mais bien le mécontentement, dû à plusieurs causes dont l'inégalité trop criante des revenus. Comment ne pas être amer, quand certaines automobiles sont vendues et achetées à plus de 200 000 €, soit plus de dix ans de salaire moyen en France alors que beaucoup de gens ont à peine de quoi payer un ticket de bus. À ce sujet, la gratuité des transports en commun ferait économiser bien de l'argent aux municipalités et aux sociétés de transport.

La tâche d'un dirigeant devrait être de diminuer ces inégalités. Aujourd'hui en France, la TVA rapporte plus que l'ensemble des impôts sur le revenu et des impôts sur les sociétés.

Deux mesures simples pour diminuer le mécontentement :

- Plafonner les revenus, une dizaine de SMIC semble raisonnable, au-delà, on ne voit guerre à qui ça pourrait servir.
- Augmenter la TVA de quelques points et supprimer tout à la fois les impôts sur le revenu, ce qui ferait plaisir à tout le monde tout en évitant bien des tracas administratifs et les

impôts sur les sociétés, ce qui les rendrait enfin compétitives en France et à l'étranger qui souvent ne s'embête pas de protection sociale.
- Une troisième pour la route, supprimer l'argent liquide, ce qui compliquerait notablement la tâche des trafiquants en tout genre, blanchisseurs d'argent et paradis fiscaux. Pour ceux qui ne sont pas convaincus, qu'ils essayent d'acheter quelque chose à un "petit" dealer avec une carte bancaire.

Je suis persuadé que le mécontentement des Français diminuerait, éloignant d'autant la perspective toujours possible d'une dictature venue, par exemple, des discours démagogiques de l'extrême droite.

Supprimer la dictature chez les autres

Pour une vraie démocratie, il est toujours difficile de pratiquer l'ingérence dans un pays tiers, ce dont évidemment les dictatures ne se privent pas, n'ayant aucun scrupule en ce qui concerne le jugement de l'Histoire.

Une opportunité reste l'invasion par une dictature d'un pays ayant des accords de défense avec une ou plusieurs démocraties suffisamment puissantes pour infliger une défaite militaire à cette dictature et pour mettre en place une véritable démocratie, à l'exemple de l'Allemagne en 1945.

Cet exemple montre clairement que le peuple a pris conscience des mensonges qu'une poignée d'hommes a réussi à faire passer dans l'opinion dans le but avoué de prendre temporairement le pouvoir quitte à ruiner leur pays et entraîner la mort de millions de leurs concitoyens. Par contre, il faudrait tout particulièrement veiller à ce que personne ne réécrive les livres d'Histoire en glorifiant cette partie du passé et ses dirigeants.

Souvent, une série de mesures est mise en place par le démocraties vis-à-vis des dictatures.

- Instaurer des mesures d'embargo sur différents matériels que les dictatures ont besoin d'acheter à l'étranger et ne sont plus capables de produire du fait de la disparition des personnels qualifiés.
- Pratiquer un embargo dans l'autre sens, visant à ne plus acheter les matières premières ou les produits manufacturés par les dictatures, y compris à travers des pays tiers non soumis à cet embargo.
- Geler les avoirs bancaires.
- Utiliser ces avoirs bancaires pour lutter contre et aider les pays attaqués par une dictature.
- Saisir les biens meubles et immeubles des ressortissants des dictatures présents dans les pays réellement démocratiques.
- Refuser tout visa d'entrée aux ressortissants des dictatures.

Ni la SDN ni l'ONU ne semblent avoir été en mesure de faire quoi que ce soit d'utile en la matière. Quelle réforme pourrait être efficace ? pas grand-chose.

Le fait d'armer les casques bleus pour leur permettre d'intervenir militairement ne semble pas une solution suffisante, particulièrement dans le cas où un des membres du Conseil de Sécurité se mettrait à devenir une dictature.

Le conseil de Sécurité lui-même pourrait d'ailleurs être perçu comme une dictature par les membres de l'ONU n'en faisant pas partie.

Exemple de Bokassa

En septembre 1979, l'opération Caban, organisée par la France, renverse Bokassa et l'opération Barracuda remet au pouvoir son propre cousin, l'ancien Président David Dacko, qu'il avait lui-même renversé en 1965, ce qui aboutit à la fin de l'empire centrafricain. Bokassa est ainsi emmené de force par les parachutistes français au Tchad et de là, part en exil en Côte d'Ivoire, où il accuse la France de l'avoir trahi. En effet, depuis quelque temps, Bokassa se rapprochait de plus en plus de Kadhafi, dont la politique au Tchad était en contradiction complète avec les intérêts français.

Au sujet de la Corée du Nord et dans le but de mettre un terme à la souffrance de tant de gens, même consentants ou soi-disant consentants, les Sud-Coréens pourraient proposer à Kim Jong-un un arrangement : Il accepte la réunification des deux Corées avec le système politique du Sud, c'est-à-dire réellement démocratique et en échange, garantie pour lui et sa famille de ne pas être poursuivis pour crimes contre l'humanité, ainsi que la possibilité de jouir de sa fortune, au moins en partie, peut-être en exil dans un autre pays. Bien que pas vraiment morale cette solution aurait le mérite de mettre fin à cette étrange guerre en Corée et d'assurer un sort meilleure à toute cette population mise en esclavage.

Fin des dictateurs

Bien que plusieurs femmes aient exercé un pouvoir considérable dans le passé, depuis Hatshepsout jusqu'à Madame Thatcher, en passant par Catherine de Médicis et Marie-Thérèse d'Autriche, aucune n'a sacrifié son pays à des fins personnelles.

On pourrait, pourquoi pas, limiter l'accession au pouvoir aux seules femmes à l'exclusion des hommes, toujours prédateurs, au moins dans leur tête.

Croire est le contraire de vouloir savoir. Ne croyez pas qu'il existe des hommes providentiels. Nul n'est élu et protégé par la Providence. Nul ne peut prétendre faire le bien en faisant le mal. Nul ne peut se substituer à la collectivité. Nul n'est chargé d'une mission divine.

Le but de toute entreprise est le bonheur de l'individu. Le bien collectif doit aller de pair avec le bien individuel sans que jamais l'un des deux prenne le pas sur l'autre.

Fin des dictatures

Est-ce qu'une société idéale, sans frontières ni drapeaux, sans classes ni compétition, sans misère ni corruption et ne nécessitant pas l'égoïsme individuel serait exempte de dictature ? peut-être.

On peut facilement corrompre un pauvre ou un malheureux qui, n'ayant rien à perdre, verrait là un moyen de gagner plus, c'est moins facile avec un homme déjà riche.

Dans tous les cas, un apprenti dictateur n'arriverait à rien tout seul. Il faut bien des hommes prêts à tout pour le soutenir.

On parle bien à un bébé qui à l'évidence ne peut rien comprendre, mais à la fin, il y arrive. De la même manière, on doit pouvoir tirer l'Humanité vers le haut. Même si les citoyens sont pauvres et malheureux, un jour, ils seront honnêtes, non par force mais par choix. Bien sûr, cela nécessite des dirigeants honnêtes, qui doivent pour cela être mis en place par ces mêmes gens pauvres et malheureux. Ça marche pour les bébés, pourquoi pas pour les adultes ? pour cela, il faut et il suffit de refuser les idées simpliste, nationalistes, extrémistes et démagogiques. Encore faut-il que les urnes parlent.

Épilogue

Je suppose que les lectrices et les lecteurs éprouveront le même dégoût que moi à la lecture des actes abominables perpétrés par ces monstres de l'Humanité. C'en est à perdre sa confiance en l'être humain.

Il reste un livre à écrire. Quid de tous les garçons qui ne sont pas devenus dictateurs ?

Si on fait le ratio entre le nombre de garçons peuplant la planète et le nombre de dictateurs, on arrive grosso modo à 1 sur 100 000 000. C'est à la fois très peu et quand même beaucoup trop. Le ratio entre le nombre de dirigeants et le nombre de dictateurs serait inférieur mais encore significatif. Alors, pourquoi ?

L'idée serait qu'il y a une âme de dictateur dans chaque garçon sans exception, tout comme il y a une âme de prédateur. L'occasion fait le larron, dit l'adage. Il faut croire que la plupart d'entre nous n'ont pas l'opportunité, l'inconscience ou l'audace de franchir le pas.

Enfin, une lueur d'espoir, depuis le début de la civilisation, le sort de l'Humanité aurait tendance à s'améliorer même s'il connaît des hauts et des bas. De plus en plus de pays abolissent la peine de mort et la torture, l'État de droit devient doucement la norme, les dictateurs deviennent justiciables au tribunal de l'Histoire et le bonheur de l'individu est de plus en plus ce vers quoi nos lois tendent. Pour peu que nous soyons vigilants et actifs, l'arbitraire, le despotisme et la dictature iront vers leur fin, qu'ils proviennent d'hommes seuls, d'idéologies ou de croyances.

Amen.